PREFACIO

La colección de guías de conversación para viajar "Todo irá bien" publicada por T&P Books está diseñada para personas que viajan al extranjero para turismo y negocios. Las guías contienen lo más importante - los elementos esenciales para una comunicación básica.Éste es un conjunto de frases imprescindibles para "sobrevivir" mientras está en el extranjero.

Esta guía de conversación le ayudará en la mayoría de los casos donde usted necesite pedir algo, conseguir direcciones, saber cuánto cuesta algo, etc. Puede también resolver situaciones difíciles de la comunicación donde los gestos no pueden ayudar.

Este libro contiene una gran cantidad de frases que han sido agrupadas según los temas más relevantes. Esta edición también incluye un pequeño vocabulario que contiene alrededor de 3.000 de las palabras más frecuentemente usadas.Otra sección de la guía proporciona un glosario gastronómico que le puede ayudar a pedir los alimentos en un restaurante o a comprar comestibles en la tienda.

Llévese la guía de conversación "Todo irá bien" en el camino y tendrá una insustituible compañera de viaje que le ayudará a salir de cualquier situación y le enseñará a no temer hablar con extranjeros.

TABLA DE CONTENIDOS

T&P Books Publishing

Colección de guías de conversación
"¡Todo irá bien!"

T&P Books Publishing

GUÍA DE CONVERSACIÓN
— HOLANDÉS —

Andrey Taranov

LAS PALABRAS
Y LAS FRASES
MÁS ÚTILES

Esta Guía de Conversación
contiene las frases y las
preguntas más comunes
necesitadas para una
comunicación básica
con extranjeros

T&P BOOKS

Guía de conversación + diccionario de 3000 palabras

Guía de conversación Español-Holandés y vocabulario temático de 3000 palabras

por Andrey Taranov

La colección de guías de conversación para viajar "Todo irá bien" publicada por T&P Books está diseñada para personas que viajan al extranjero para turismo y negocios. Las guías contienen lo más importante - los elementos esenciales para una comunicación básica. Éste es un conjunto de frases imprescindibles para "sobrevivir" mientras está en el extranjero.

Este libro también incluye un pequeño vocabulario temático que contiene alrededor de 3.000 de las palabras más frecuentemente usadas. Otra sección de la guía proporciona un glosario gastronómico que le puede ayudar a pedir los alimentos en un restaurante o a comprar comestibles en la tienda.

T&P Books Publishing
www.tpbooks.com

ISBN: 978-1-78492-667-0

Este libro está disponible en formato electrónico o de E-Book también.
Visite www.tpbooks.com o las librerías electrónicas más destacadas en la Red.

PRONUNCIACIÓN

T&P alfabeto fonético	Ejemplo holandés	Ejemplo español
[a]	plasje	radio
[ā]	kraag	contraataque
[o], [ɔ]	zondag	bolsa
[o]	geografie	bordado
[ō]	oorlog	domicilio
[e]	nemen	verano
[ē]	wreed	sexto
[ɛ]	ketterij	mes
[ɛ:]	crème	cuarenta
[ə]	tachtig	llave
[i]	alpinist	ilegal
[ī]	referee	destino
[ʏ]	stadhuis	pluma
[œ]	druif	alemán - Hölle
[ø]	treurig	alemán - Hölle
[u]	schroef	mundo
[ʉ]	zuchten	ciudad
[ū]	minuut	nocturna
[b]	oktober	en barco
[d]	diepte	desierto
[f]	fierheid	golf
[g]	golfclub	jugada
[h]	horizon	registro
[j]	jaar	asiento
[k]	klooster	charco
[l]	politiek	lira
[m]	melodie	nombre
[n]	netwerk	sonar
[p]	peper	precio
[r]	rechter	era, alfombra
[s]	smaak	salva
[t]	telefoon	torre
[v]	vijftien	travieso
[w]	waaier	acuerdo

T&P alfabeto fonético	Ejemplo holandés	Ejemplo español
[z]	zacht	desde
[ʤ]	manager	jazz
[ʃ]	architect	shopping
[ŋ]	behang	manga
[ʧ]	beertje	mapache
[ʒ]	bougie	adyacente
[x]	acht, gaan	reloj, ojo

LISTA DE ABREVIATURAS

Abreviatura en español

adj	-	adjetivo
adv	-	adverbio
anim.	-	animado
conj	-	conjunción
etc.	-	etcétera
f	-	sustantivo femenino
f pl	-	femenino plural
fam.	-	uso familiar
fem.	-	femenino
form.	-	uso formal
inanim.	-	inanimado
innum.	-	innumerable
m	-	sustantivo masculino
m pl	-	masculino plural
m, f	-	masculino, femenino
masc.	-	masculino
mat	-	matemáticas
mil.	-	militar
num.	-	numerable
p.ej.	-	por ejemplo
pl	-	plural
pron	-	pronombre
sg	-	singular
v aux	-	verbo auxiliar
vi	-	verbo intransitivo
vi, vt	-	verbo intransitivo, verbo transitivo
vr	-	verbo reflexivo
vt	-	verbo transitivo

Abreviatura en holandés

mv.	-	plural

Artículos en holandés

de	-	género neutro
de/het	-	neutro, género neutro
het	-	neutro

T&P BOOKS

GUÍA DE
CONVERSACIÓN
HOLANDÉS

Esta sección contiene frases
importantes que pueden
resultar útiles en varias
situaciones de la vida real.
La Guía le ayudará a pedir
direcciones, aclaración
sobre precio, comprar billetes,
y pedir alimentos en un
restaurante

T&P Books Publishing

CONTENIDO DE LA GUÍA DE CONVERSACIÓN

T&P Books Publishing

Lo más imprescindible

Perdone, ...

Pardon, ...
[par'dɔn, ...]

Hola.

Hallo.
[halɔ]

Gracias.

Bedankt.
[bə'dankt]

Sí.

Ja.
[ja]

No.

Nee.
[nẽ]

No lo sé.

Ik weet het niet.
[ik wẽt ət nit]

¿Dónde? | ¿A dónde? | ¿Cuándo?

Waar? | Waarheen? | Wanneer?
[wãr? | wãr'hẽn? | wa'nẽr?]

Necesito ...

Ik heb ... nodig
[ik hɛp ... 'nɔdəx]

Quiero ...

Ik wil ...
[ik wil ...]

¿Tiene ...?

Hebt u ...?
[hɛpt ju ...?]

¿Hay ... por aquí?

Is hier een ...?
[is hir en ...?]

¿Puedo ...?

Mag ik ...?
[max ik ...?]

..., por favor? (petición educada)

... alstublieft
[... alstʉ'blift]

Busco ...

Ik zoek ...
[ik zuk ...]

el servicio

toilet
[twa'lɛt]

un cajero automático

geldautomaat
[xɛlt·autɔ'mãt]

una farmacia

apotheek
[apɔ'tẽk]

el hospital

ziekenhuis
[zikənhœys]

---

la comisaría

politiebureau
[pɔl'litsi bʉ\'rɔ]

el metro

metro
['metrɔ]

un taxi	**taxi** [taksi]
la estación de tren	**station** [sta'tsjɔn]

Me llamo …	**Ik heet …** [ik hēt …]
¿Cómo se llama?	**Hoe heet u?** [hu hēt ju?]
¿Puede ayudarme, por favor?	**Kunt u me helpen alstublieft?** [kʉnt ju mə 'hɛlpən alstʉ'blift?]
Tengo un problema.	**Ik heb een probleem.** [ik hɛp en prɔ'blēm]
Me encuentro mal.	**Ik voel me niet goed.** [ik vul mə nit xut]
¡Llame a una ambulancia!	**Bel een ambulance!** [bɛl en ambʉ'lansə!]
¿Puedo llamar, por favor?	**Mag ik opbellen?** [max ik ɔ'bɛlən?]

Lo siento.	**Sorry.** ['sɔri]
De nada.	**Graag gedaan.** [xrāx xə'dān]

Yo	**Ik, mij** [ik, mɛj]
tú	**jij** [jɛj]
él	**hij** [hɛj]
ella	**zij** [zɛj]
ellos	**zij** [zɛj]
ellas	**zij** [zɛj]
nosotros /nosotras/	**wij** [wɛj]
ustedes, vosotros	**jullie** ['juli]
usted	**u** [ju]

ENTRADA	**INGANG** [inxaŋ]
SALIDA	**UITGANG** [œʏtxaŋ]
FUERA DE SERVICIO	**BUITEN GEBRUIK** [bœʏtən xə'brœʏk]
CERRADO	**GESLOTEN** [xə'slɔtən]

ABIERTO	**OPEN** ['ɔpən]
PARA SEÑORAS	**DAMES** [daməs]
PARA CABALLEROS	**HEREN** ['herən]

Preguntas

¿Dónde? **Waar?**
[wãr?]

¿A dónde? **Waarheen?**
[wãr'hēn?]

¿De dónde? **Vanwaar?**
[van'wãr?]

¿Por qué? **Waar?**
[wãr?]

¿Con que razón? **Waarom?**
[wã'rɔm?]

¿Cuándo? **Wanneer?**
[wa'nēr?]

¿Cuánto tiempo? **Hoe lang?**
[hu laŋ?]

¿A qué hora? **Hoe laat?**
[hu lãt?]

¿Cuánto? **Hoeveel?**
[huvēl?]

¿Tiene ...? **Hebt u ...?**
[hɛpt ju ...?]

¿Dónde está ...? **Waar is ...?**
[wãr is ...?]

¿Qué hora es? **Hoe laat is het?**
[hu lãt is ǝt?]

¿Puedo llamar, por favor? **Mag ik opbellen?**
[max ik ɔ'bɛlǝn?]

¿Quién es? **Wie is daar?**
[wi is dãr?]

¿Se puede fumar aquí? **Mag ik hier roken?**
[max ik hir 'rokǝn?]

¿Puedo ...? **Mag ik ...?**
[max ik ...?]

Necesidades

Quisiera …	**Ik zou graag …** [ik 'zau xrāx …]
No quiero …	**Ik wil niet …** [ik wil nit …]
Tengo sed.	**Ik heb dorst.** [ik hɛp dɔrst]
Tengo sueño.	**Ik wil gaan slapen.** [ik wil xān 'slapən]
Quiero …	**Ik wil …** [ik wil …]
lavarme	**wassen** [wasən]
cepillarme los dientes	**mijn tanden poetsen** [mɛjn 'tandən 'putsən]
descansar un momento	**even rusten** [evən 'rʉstən]
cambiarme de ropa	**me omkleden** [mə 'ɔmkledən]
volver al hotel	**teruggaan naar het hotel** [te'rʉxxān nār hɛt hɔ'tɛl]
comprar …	**… kopen** [… 'kɔpən]
ir a …	**gaan naar …** [xān nār …]
visitar …	**bezoeken …** [bə'zukən …]
quedar con …	**ontmoeten …** [ɔnt'mutən …]
hacer una llamada	**opbellen** [ɔ'bɛlən]
Estoy cansado /cansada/.	**Ik ben moe.** [ik bɛn mu]
Estamos cansados /cansadas/.	**We zijn moe.** [we zɛjn mu]
Tengo frío.	**Ik heb het koud.** [ik hɛp ət 'kaut]
Tengo calor.	**Ik heb het warm.** [ik hɛp ət warm]
Estoy bien.	**Ik ben okay.** [ik bɛn ɔ'kɛj]

Tengo que hacer una llamada.

Ik moet opbellen.
[ik mut ɔ'bɛlən]

Necesito ir al servicio.

Ik moet naar het toilet.
[ik mut nãr ət twa'lɛt]

Me tengo que ir.

Ik moet weg.
[ik mut wɛx]

Me tengo que ir ahora.

Ik moet nu weg.
[ik mut nʉ wɛx]

Preguntar por direcciones

Perdone, ...	**Pardon, ...** [par'dɔn, ...]
¿Dónde está ...?	**Waar is ...?** [wār is ...?]
¿Por dónde está ...?	**Welke richting is ...?** ['wɛlkə 'rixtiŋ is ...?]
¿Puede ayudarme, por favor?	**Kunt u me helpen alstublieft?** [kʉnt ju mə 'hɛlpən alstʉ'blift?]

Busco ...	**Ik zoek ...** [ik zuk ...]
Busco la salida.	**Waar is de uitgang?** [wār is də 'œʏtxaŋ?]
Voy a ...	**Ik ga naar ...** [ik xa nār ...]
¿Voy bien por aquí para ...?	**Is dit de weg naar ...?** [is dit də wɛx nār ...?]

¿Está lejos?	**Is het ver?** [iz ət vɛr?]
¿Puedo llegar a pie?	**Kan ik er lopend naar toe?** [kan ik ɛr 'lɔpənt nār tu?]
¿Puede mostrarme en el mapa?	**Kunt u het op de plattegrond aanwijzen?** [kʉnt ju ət ɔp də platə'xrɔnt 'ānwɛjzən?]
Por favor muestreme dónde estamos.	**Kunt u me aanwijzen waar we nu zijn?** [kʉnt ju mə 'ānwɛjzən wār wə nʉ zɛjn]

Aquí	**Hier** [hir]
Allí	**Daar** [dār]
Por aquí	**Deze kant uit** [dezə kant 'œʏt]

Gire a la derecha.	**Rechtsaf.** [rɛxts'af]
Gire a la izquierda.	**Linksaf.** [linksaf]
la primera (segunda, tercera) calle	**eerste (tweede, derde) bocht** [ērstə ('twēdə, 'dɛrdə) bɔxt]
a la derecha	**rechtsaf** [rɛxts'af]

a la izquierda

linksaf
[linksaf]

Siga recto.

Ga rechtuit.
[xa 'rɛxtœʏt]

Carteles

¡BIENVENIDO!
WELKOM!
['wɛlkɔm!]

ENTRADA
INGANG
[inxaŋ]

SALIDA
UITGANG
[œʏtxaŋ]

EMPUJAR
DRUK
[drʉk]

TIRAR
TREK
[trɛk]

ABIERTO
OPEN
['ɔpən]

CERRADO
GESLOTEN
[xə'slɔtən]

PARA SEÑORAS
DAMES
[daməs]

PARA CABALLEROS
HEREN
['herən]

CABALLEROS
HEREN
['herən]

SEÑORAS
DAMES
[daməs]

REBAJAS
KORTINGEN
['kɔrtiŋən]

VENTA
UITVERKOOP
[œʏt'vɛrkŏp]

GRATIS
GRATIS
[xratis]

¡NUEVO!
NIEUW!
[niu!]

ATENCIÓN
PAS OP!
[pas ɔp!]

COMPLETO
ALLE KAMERS BEZET
[ale 'kamərs bə'zɛt]

RESERVADO
GERESERVEERD
[xərezɛr'vĕrt]

ADMINISTRACIÓN
ADMINISTRATIE
[administ'ratsi]

SÓLO PERSONAL AUTORIZADO
UITSLUITEND PERSONEEL
[œʏtslœʏtənt pɛrsɔ'nĕl]

CUIDADO CON EL PERRO	**PAS OP VOOR DE HOND!** [pas ɔp võr də hɔnt!]
NO FUMAR	**VERBODEN TE ROKEN!** [vər'bɔdən tə 'rɔkən!]
NO TOCAR	**NIET AANRAKEN!** [nit 'ãnrakən!]

PELIGROSO	**GEVAARLIJK** [xe'vãrlək]
PELIGRO	**GEVAAR** [xe'vãr]
ALTA TENSIÓN	**HOOGSPANNING** [hõxs'paniŋ]
PROHIBIDO BAÑARSE	**VERBODEN TE ZWEMMEN** [vər'bɔdən tə 'zwemən]

FUERA DE SERVICIO	**BUITEN GEBRUIK** [bœytən xə'brœyk]
INFLAMABLE	**ONTVLAMBAAR** [ɔnt'flambãr]
PROHIBIDO	**VERBODEN** [vər'bɔdən]
PROHIBIDO EL PASO	**VERBODEN TOEGANG** [vər'bɔdən 'tuxaŋ]
RECIÉN PINTADO	**NATTE VERF** [natə vɛrf]

CERRADO POR RENOVACIÓN	**GESLOTEN WEGENS VERBOUWING** [xə'slɔtən 'wexəns vər'bauwiŋ]
EN OBRAS	**WERK IN UITVOERING** [wɛrk in œyt'vuriŋ]
DESVÍO	**OMWEG** ['ɔmwɛx]

Transporte. Frases generales

el avión	**vliegtuig** [vlixtœɣx]
el tren	**trein** [trɛjn]
el bus	**bus** [bʉs]
el ferry	**veerpont** [vɛ̄rpɔnt]
el taxi	**taxi** [taksi]
el coche	**auto** [autɔ]

el horario	**dienstregeling** [dinst·'rexəliŋ]
¿Dónde puedo ver el horario?	**Waar is de dienstregeling?** [wār is də dinst·'rexəliŋ?]
días laborables	**werkdagen** [wɛrk'daxən]
fines de semana	**weekends** [wīkɛnts]
días festivos	**vakanties** [va'kantsis]

SALIDA	**VERTREK** [vər'trɛk]
LLEGADA	**AANKOMST** [ānkɔmst]
RETRASADO	**VERTRAAGD** [vərt'rāxt]
CANCELADO	**GEANNULEERD** [xəanʉ'lērt]

siguiente (tren, etc.)	**volgende** ['vɔlxəndə]
primero	**eerste** [ērstə]
último	**laatste** [lātstə]

¿Cuándo pasa el siguiente …?	**Hoe laat gaat de volgende …?** [hu lāt xāt də 'vɔlxəndə …?]
¿Cuándo pasa el primer …?	**Hoe laat gaat de eerste …?** [hu lāt xāt də 'ērstə …?]

¿Cuándo pasa el último …?

el trasbordo (cambio de trenes, etc.)

hacer un trasbordo

¿Tengo que hacer un trasbordo?

Hoe laat gaat de laatste …?
[hu lāt xāt də 'lātstə …?]

aansluiting
[ānslœytiŋ]

overstappen
[ɔvər'stapən]

Moet ik overstappen?
[mut ik ɔvər'stapən?]

Comprar billetes

¿Dónde puedo comprar un billete?

Waar kan ik kaartjes kopen?
[wār kan ik 'kārtjəs 'kɔpən?]

el billete

kaartje
[kārtjə]

comprar un billete

een kaartje kopen
[ən 'kārtjə 'kɔpən]

precio del billete

prijs van een kaartje
[prɛjs van en 'kārtjə]

¿Para dónde?

Waarheen?
[wār'hēn?]

¿A qué estación?

Naar welk station?
[nār wɛlk sta'tsjɔn?]

Necesito ...

Ik heb ... nodig
[ik hɛp ... 'nɔdəx]

un billete

een kaartje
[ən 'kārtjə]

dos billetes

twee kaartjes
[twē 'kārtjəs]

tres billetes

drie kaartjes
[dri 'kārtjəs]

---

sólo ida

enkel
['ɛnkəl]

ida y vuelta

retour
[re'tu:r]

en primera (primera clase)

eerste klas
[ērstə klas]

en segunda (segunda clase)

tweede klas
[twēdə klas]

---

hoy

vandaag
[van'dāx]

mañana

morgen
['mɔrxən]

pasado mañana

overmorgen
[ɔvər'mɔrxən]

por la mañana

s morgens
[s 'mɔrxəns]

por la tarde

s middags
[s 'midaxs]

por la noche

s avonds
[s 'avɔnts]

asiento de pasillo

zitplaats aan het gangpad
[zitplāts ān ǝt 'xaŋpat]

asiento de ventanilla

zitplaats bij het raam
[zitplāts bɛj ǝt rām]

¿Cuánto cuesta?

Hoeveel?
[huvēl?]

¿Puedo pagar con tarjeta?

Kan ik met een creditcard betalen?
[kan ik mɛt en 'kredit·kart bǝ'talǝn?]

Autobús

el autobús	**bus** [bʉs]
el autobús interurbano	**intercity bus** [inter'siti bʉs]
la parada de autobús	**bushalte** [bʉs'haltə]
¿Dónde está la parada de autobuses más cercana?	**Waar is de meest nabij gelegen bushalte?** [wār is də mēst na'bɛj xə'lexən bʉs'haltə?]
número	**nummer** [nʉmər]
¿Qué autobús tengo que tomar para ...?	**Met welke bus kan ik naar ... gaan?** [mɛt 'wɛlkə bʉs kan ik nār ... xān?]
¿Este autobús va a ...?	**Gaat deze bus naar ...?** [xāt 'dezə bʉs nār ...?]
¿Cada cuanto pasa el autobús?	**Hoe dikwijls rijden de bussen?** [hu 'dikwəls 'rɛjdən də 'bʉsən?]
cada 15 minutos	**om het kwartier** [ɔm ət kwar'tir]
cada media hora	**om het half uur** [ɔm ət half ūr]
cada hora	**om het uur** [ɔm ət ūr]
varias veces al día	**verschillende keren per dag** [vər'sxiləndə 'kerən pər dax]
... veces al día	**... keer per dag** [... kĕr pər dax]
el horario	**dienstregeling** [dinst·'rexəliŋ]
¿Dónde puedo ver el horario?	**Waar is de dienstregeling?** [wār is də dinst·'rexəliŋ?]
¿Cuándo pasa el siguiente autobús?	**Hoe laat vertrekt de volgende bus?** [hu lāt vər'trɛkt də 'vɔlxəndə bʉs?]
¿Cuándo pasa el primer autobús?	**Hoe laat vertrekt de eerste bus?** [hu lāt vər'trɛkt də 'ērstə bʉs?]
¿Cuándo pasa el último autobús?	**Hoe laat vertrekt de laatste bus?** [hu lāt vər'trɛkt də 'lātstə bʉs?]
la parada	**halte** [haltə]

la siguiente parada

volgende halte
[vɔlxəndə 'haltə]

la última parada

eindstation
[ɛjnt sta'tsjɔn]

Pare aquí, por favor.

Hier stoppen alstublieft.
[hir 'stɔpən alstʉ'blift]

Perdone, esta es mi parada.

Pardon, dit is mijn halte.
[par'dɔn, dit is mɛjn 'haltə]

Tren

el tren	**trein** [trɛjn]
el tren de cercanías	**pendeltrein** ['pendəl trɛjn]
el tren de larga distancia	**langeafstandstrein** [laŋə·'afstants·trɛjn]
la estación de tren	**station** [sta'tsjɔn]
Perdone, ¿dónde está la salida al anden?	**Pardon, waar is de toegang** **tot het perron?** [par'dɔn, wār is də 'tuxaŋ tɔt ət pɛ'rɔn?]

¿Este tren va a …?	**Gaat deze trein naar …?** [xāt 'dezə trɛjn nār …?]
el siguiente tren	**volgende trein** ['vɔlxəndə trɛjn]
¿Cuándo pasa el siguiente tren?	**Hoe laat gaat de volgende trein?** [hu lāt xāt də 'vɔlxəndə trɛjn?]
¿Dónde puedo ver el horario?	**Waar is de dienstregeling?** [wār is də dinst·'rexəliŋ?]
¿De qué andén?	**Van welk perron?** [van wɛlk pɛ'rɔn?]
¿Cuándo llega el tren a …?	**Wanneer komt de trein aan in …?** [wa'nēr kɔmt də trɛjn ān in …?]

Ayudeme, por favor.	**Kunt u me helpen alstublieft?** [kʉnt ju mə 'hɛlpən alstʉ'blift?]
Busco mi asiento.	**Ik zoek mijn zitplaats.** [ik zuk mɛjn 'zitplāts]
Buscamos nuestros asientos.	**Wij zoeken onze zitplaatsen.** [wɛj 'zukən 'ɔnzə 'zitplātsen]
Mi asiento está ocupado.	**Mijn zitplaats is bezet.** [mɛjn 'zitplāts is bə'zɛt]
Nuestros asientos están ocupados.	**Onze zitplaatsen zijn bezet.** [ɔnzə 'zitplātsən zɛjn bə'zɛt]

Perdone, pero ese es mi asiento.	**Sorry, maar dit is mijn zitplaats.** [sɔri, mār dit is mɛjn 'zitplāts]
¿Está libre?	**Is deze zitplaats bezet?** [is 'dezə 'zitplāts bə'zɛt?]
¿Puedo sentarme aquí?	**Mag ik hier zitten?** [max ik hir 'zitən?]

En el tren. Diálogo (Sin billete)

Su billete, por favor.

No tengo billete.

He perdido mi billete.

He olvidado mi billete en casa.

Uw kaartje alstublieft.
[ʉw 'kãrtjə alstʉ'blift]
Ik heb geen kaartje.
[ik hɛp xēn 'kãrtjə]
Ik heb mijn kaartje verloren.
[ik hɛp mɛjn 'kãrtjə vər'lɔrən]
Ik heb mijn kaartje thuis vergeten.
[ik hɛp mɛjn 'kãrtjə thœys vər'xetən]

Le puedo vender un billete.

También deberá pagar una multa.

Vale.

¿A dónde va usted?

Voy a ...

U kunt een kaartje van mij kopen.
[ju kʉnt en 'kãrtjə van mɛj 'kɔpən]
U moet ook een boete betalen.
[ju mut ōk en 'butə bə'talən]
Okay.
[ɔ'kɛj]
Waar gaat u naartoe?
[wãr xãt ju nãrtu?]
Ik ga naar ...
[ik xa nãr ...]

¿Cuánto es? No lo entiendo.

Escríbalo, por favor.

Vale. ¿Puedo pagar con tarjeta?

Sí, puede.

Hoeveel kost het? Ik versta het niet.
[huvēl kɔst ət? ik vərs'ta ət nit]
Schrijf het neer alstublieft.
[sxrɛjf ət nēr alstʉ'blift]
Okay. Kan ik met een creditcard betalen?
[ɔ'kɛj. kan ik mɛt en 'kredit·kart bə'talən?]
Ja, dat kan.
[ja, dat kan]

Aquí está su recibo.

Disculpe por la multa.

No pasa nada. Fue culpa mía.

Disfrute su viaje.

Hier is uw ontvangstbewijs.
[hir is ʉw ɔnt'faŋst·bə'wɛjs]
Sorry voor de boete.
[sɔri vōr də 'butə]
Maakt niet uit. Het is mijn schuld.
[mãkt nit œyt hɛt is mɛjn sxʉlt]
Prettige reis.
['prɛtixə rɛjs]

Taxi

taxi	**taxi** [taksi]
taxista	**taxi chauffeur** [taksi ʃɔ'før]
coger un taxi	**een taxi nemen** [en 'taksi 'nemən]
parada de taxis	**taxistandplaats** [taksi·'stantplãts]
¿Dónde puedo coger un taxi?	**Waar kan ik een taxi nemen?** [wãr kan ik en 'taksi 'nemən?]
llamar a un taxi	**een taxi bellen** [en 'taksi 'bɛlən]
Necesito un taxi.	**Ik heb een taxi nodig.** [ik hɛp en 'taksi 'nɔdəx]
Ahora mismo.	**Nu onmiddellijk.** [nʉ ɔn'midələk]
¿Cuál es su dirección?	**Wat is uw adres?** [wat is ʉw ad'rɛs?]
Mi dirección es ...	**Mijn adres is ...** [mɛjn ad'rɛs is ...]
¿Cuál es el destino?	**Uw bestemming?** [ʉw bəs'tɛmiŋ?]

Perdone, ...	**Pardon, ...** [par'dɔn, ...]
¿Está libre?	**Bent u vrij?** [bɛnt ju vrɛj?]
¿Cuánto cuesta ir a ...?	**Hoeveel kost het naar ...?** [huvēl kɔst ət nãr ...?]
¿Sabe usted dónde está?	**Weet u waar dit is?** [wēt ju wãr dit is?]

Al aeropuerto, por favor.	**Luchthaven alstublieft.** [lʉxt'havən alstʉ'blift]
Pare aquí, por favor.	**Hier stoppen alstublieft.** [hir 'stɔpən alstʉ'blift]
No es aquí.	**Het is niet hier.** [hɛt is nit hir]
La dirección no es correcta.	**Dit is het verkeerde adres.** [dit is ət vər'kērdə ad'rɛs]
Gire a la izquierda.	**Linksaf.** [linksaf]
Gire a la derecha.	**Rechtsaf.** [rɛxts'af]

¿Cuánto le debo?

Hoeveel ben ik u schuldig?
[huvēl bɛn ik ju 'sxʉldəx?]

¿Me da un recibo, por favor?

Kan ik een bon krijgen alstublieft.
[kan ik en bɔn 'krɛjxən alstʉ'blift]

Quédese con el cambio.

Hou het kleingeld maar.
[hau ət 'klɛjnxɛlt mār]

Espéreme, por favor.

Wil u even op mij wachten?
[wil ju 'evən ɔp mɛj 'waxtən?]

cinco minutos

vijf minuten
[vɛjf mi'nʉtən]

diez minutos

tien minuten
[tin mi'nʉtən]

quince minutos

vijftien minuten
[vɛjftin mi'nʉtən]

veinte minutos

twintig minuten
[twintəx mi'nʉtən]

media hora

een half uur
[en half ūr]

Hotel

Hola.	**Hallo.** [halɔ]
Me llamo …	**Ik heet …** [ik hēt …]
Tengo una reserva.	**Ik heb gereserveerd.** [ik hɛp xərezɛr'vērt]
Necesito …	**Ik heb … nodig** [ik hɛp … 'nɔdəx]
una habitación individual	**een enkele kamer** [en 'ɛnkelə 'kamər]
una habitación doble	**een tweepersoons kamer** [en twē·pɛr'sōns 'kamər]
¿Cuánto cuesta?	**Hoeveel kost dat?** [huvēl kɔst dat?]
Es un poco caro.	**Dat is nogal duur.** [dat is 'nɔxal dūr]
¿Tiene alguna más?	**Zijn er geen andere mogelijkheden?** [zɛjn ɛr xēn 'andərə 'mɔxələkhedən?]
Me quedo.	**Die neem ik.** [di nēm ik]
Pagaré en efectivo.	**Ik betaal contant.** [ik bə'tāl kɔn'tant]
Tengo un problema.	**Ik heb een probleem.** [ik hɛp en prɔ'blēm]
Mi … no funciona.	**Mijn … is stuk.** [mɛjn … is stʉk]
Mi … está fuera de servicio.	**Mijn … doet het niet meer.** [mɛjn … dut ət nit mēr]
televisión	**TV** [te've]
aire acondicionado	**airco** ['ɛrkɔ]
grifo	**kraan** [krān]
ducha	**douche** [duʃ]
lavabo	**lavabo** [lava'bɔ]
caja fuerte	**brandkast** [brantkast]

cerradura	**deurslot** ['dørslɔt]
enchufe	**stopcontact** [stɔp kɔn'takt]
secador de pelo	**haardroger** [hār·drɔxər]

No tengo ...	**Ik heb geen ...** [ik hɛp xēn ...]
agua	**water** [watər]
luz	**licht** [lixt]
electricidad	**stroom** [strōm]

¿Me puede dar ...?	**Kunt u mij een ... bezorgen?** [kʉnt ju mɛj en ... bə'zɔrxən?]
una toalla	**een handdoek** [en 'handuk]
una sábana	**een deken** [en 'dekən]
unas chanclas	**pantoffels** [pan'tɔfəls]
un albornoz	**een badjas** [en badjas]
un champú	**shampoo** [ʃʌmpō]
jabón	**zeep** [zēp]

Quisiera cambiar de habitación.	**Ik wil van kamer veranderen.** [ik wil van 'kamər və'randerən]
No puedo encontrar mi llave.	**Ik kan mijn sleutel niet vinden.** [ik kan mɛjn 'sløtel nit 'vindən]
Por favor abra mi habitación.	**Kunt u mijn kamer openen alstublieft?** [kʉnt ju mɛjn 'kamər 'ɔpenən alstʉ'blift?]
¿Quién es?	**Wie is daar?** [wi is dār?]
¡Entre!	**Kom binnen!** [kɔm 'binən!]
¡Un momento!	**Een ogenblikje!** [en 'ɔxənblikje!]
Ahora no, por favor.	**Niet op dit moment alstublieft.** [nit ɔp dit mɔ'mɛnt alstʉ'blift]

Venga a mi habitación, por favor.	**Kom naar mijn kamer alstublieft.** [kɔm nār mɛjn 'kamər alstʉ'blift]
Quisiera hacer un pedido.	**Kan ik room service krijgen.** [kan ik rōm 'sø:rvis 'krɛjxən]
Mi número de habitación es ...	**Mijn kamernummer is ...** [mɛjn 'kamər·'nʉmer is ...]

Me voy …	**Ik vertrek …** [ik vər'trɛk …]
Nos vamos …	**Wij vertrekken …** [wɛj vər'trɛkən …]
Ahora mismo	**nu onmiddellijk** [nʉ ɔn'midələk]
esta tarde	**vanmiddag** [van'midax]
esta noche	**vanavond** [va'navɔnt]
mañana	**morgen** ['mɔrxən]
mañana por la mañana	**morgenochtend** ['mɔrxən 'ɔxtənt]
mañana por la noche	**morgenavond** [mɔrxən 'avɔnt]
pasado mañana	**overmorgen** [ɔvər'mɔrxən]

Quisiera pagar la cuenta.	**Ik zou willen afrekenen.** [ik 'zau 'wilən 'afrekənən]
Todo ha estado estupendo.	**Alles was uitstekend.** [aləs was œyts'tekənt]
¿Dónde puedo coger un taxi?	**Waar kan ik een taxi nemen?** [wār kan ik en 'taksi 'nemən?]
¿Puede llamarme un taxi, por favor?	**Wil u alstublieft een taxi bestellen?** [wil ju alstʉ'blift en 'taksi bəs'tɛlən?]

Restaurante

¿Puedo ver el menú, por favor?

Kan ik het menu zien alstublieft?
[kan ik ət me'nʉ zin alstʉ'blift?]

Mesa para uno.

Een tafel voor één persoon.
[en 'tafəl võr en pɛr'sõn]

Somos dos (tres, cuatro).

**We zijn met z'n tweeën
(drieën, vieren).**
[we zɛjn mɛt zən 'twēɛn
('driɛn, 'virən)]

Para fumadores

Roken
['rɔkən]

Para no fumadores

Niet roken
[nit 'rɔkən]

¡Por favor! (llamar al camarero)

Hallo! Pardon!
[halɔ! par'dɔn!]

la carta

menu
[me'nʉ]

la carta de vinos

wijnkaart
[wɛjnkãrt]

La carta, por favor.

Het menu alstublieft.
[hɛt me'nʉ alstʉ'blift]

¿Está listo para pedir?

Bent u zover om te bestellen?
[bɛnt ju 'zɔvər ɔm tə bəs'tɛlən?]

¿Qué quieren pedir?

Wat wenst u?
[wat wɛnst ju?]

Yo quiero …

Voor mij …
[võr mɛj …]

Soy vegetariano.

Ik ben vegetariër.
[ik bɛn vexə'tarijər]

carne

vlees
[vlēs]

pescado

vis
[vis]

verduras

groente
['xruntə]

¿Tiene platos para vegetarianos?

Hebt u vegetarische gerechten?
[hɛpt ju vexə'tarisə xə'rɛxtən?]

No como cerdo.

Ik eet niet varkensvlees.
[ik ēt nit 'varkənsvlēs]

Él /Ella/ no come carne.

Hij /zij/ eet geen vlees.
[hɛj /zɛj/ ēt xēn vlēs]

Soy alérgico a ...

Ik ben allergisch voor ...
[ik bɛn aˈlɛrxis vōr ...]

¿Me puede traer ..., por favor?

Wil u mij ... brengen
[wil ju mɛj ... bˈrɛŋən]

sal | pimienta | azúcar

zout | peper | suiker
[zaut | ˈpepər | ˈsœʏkər]

café | té | postre

koffie | thee | dessert
[kɔfi | tē | dɛˈsɛːr]

agua | con gas | sin gas

water | met prik | gewoon
[watər | mɛt prik | xəˈwōn]

una cuchara | un tenedor | un cuchillo

een lepel | vork | mes
[en ˈlepəl | vɔrk | mɛs]

un plato | una servilleta

een bord | servet
[en bɔrt | sɛrˈvɛt]

¡Buen provecho!

Smakelijk!
[smakələk!]

Uno más, por favor.

Nog een alstublieft.
[nɔx en alstʉˈblift]

Estaba delicioso.

Het was heerlijk.
[hɛt was ˈhērlək]

---

la cuenta | el cambio | la propina

rekening | wisselgeld | fooi
[rekəniŋ | ˈwisəl·xɛlt | fōj]

La cuenta, por favor.

De rekening alstublieft.
[də ˈrekəniŋ alstʉˈblift]

¿Puedo pagar con tarjeta?

Kan ik met een creditcard betalen?
[kan ik mɛt en ˈkredit·kart bəˈtalən?]

Perdone, aquí hay un error.

Sorry, hier is een fout.
[sɔri, hir iz en ˈfaut]

De Compras

¿Puedo ayudarle?	**Waarmee kan ik u van dienst zijn?** [wār'mē kan ik ju van dinst zɛjn?]
¿Tiene ...?	**Hebt u ...?** [hɛpt ju ...?]
Busco ...	**Ik zoek ...** [ik zuk ...]
Necesito ...	**Ik heb ... nodig** [ik hɛp ... 'nɔdəx]

Sólo estoy mirando.	**Ik kijk even.** [ik kɛjk 'evən]
Sólo estamos mirando.	**Wij kijken even.** [wɛj 'kɛjkən 'evən]
Volveré más tarde.	**Ik kom wat later terug.** [ik kɔm wat 'latər te'rʉx]
Volveremos más tarde.	**We komen later terug.** [we 'kɔmən 'latər te'rʉx]
descuentos | oferta	**korting | uitverkoop** [kɔrtiŋ | 'œʏtverkōp]

Por favor, enséñeme ...	**Kunt u mij ... laten zien alstublieft?** [kʉnt ju mɛj ... 'latən zin alstʉ'blift?]
¿Me puede dar ..., por favor?	**Kunt u mij ... geven alstublieft?** [kʉnt ju mɛj ... 'xevən alstʉ'blift?]
¿Puedo probarmelo?	**Kan ik dit passen?** [kan ik dit 'pasən?]
Perdone, ¿dónde están los probadores?	**Pardon, waar is de paskamer?** [par'dɔn, wār is də 'pas·kamər?]
¿Qué color le gustaría?	**Welke kleur wenst u?** ['wɛlkə 'klør wɛnst ju?]
la talla | el largo	**maat | lengte** [māt | 'leŋtə]
¿Cómo le queda? (¿Está bien?)	**Past het?** [past ət?]

¿Cuánto cuesta esto?	**Hoeveel kost het?** [huvēl kɔst ət?]
Es muy caro.	**Dat is te duur.** [dat is tə dūr]
Me lo llevo.	**Ik neem het.** [ik nēm ət]
Perdone, ¿dónde está la caja?	**Pardon, waar moet ik betalen?** [par'dɔn, wār mut ik bə'talən?]

¿Pagará en efectivo o con tarjeta?

Betaalt u contant of met een creditcard?
[bə'tālt ju kɔn'tant ɔf mɛt en 'kredit·kart?]

en efectivo | con tarjeta

contant | met een creditcard
[kɔn'tant | mɛt en 'kredit·kart]

¿Quiere el recibo?

Wil u een kwitantie?
[wil ju en kwi'tantsi?]

Sí, por favor.

Ja graag.
[ja xrāx]

No, gracias.

Nee, hoeft niet.
[nē, huft nit]

Gracias. ¡Que tenga un buen día!

Bedankt. Een fijne dag verder!
[bə'dankt. en 'fɛjnə dax 'vɛrdər!]

En la ciudad

Perdone, por favor.	**Pardon, ...** [par'dɔn, ...]
Busco ...	**Ik ben op zoek naar ...** [ik bɛn ɔp zuk nār ...]
el metro	**de metro** [də 'metrɔ]
mi hotel	**mijn hotel** [mɛjn hɔ'tɛl]
el cine	**de bioscoop** [də biɔ'skōp]
una parada de taxis	**een taxistandplaats** [en 'taksi·'stantplãts]
un cajero automático	**een geldautomaat** [en xɛlt·autɔ'mãt]
una oficina de cambio	**een wisselagent** [en 'wisəl·a'xɛnt]
un cibercafé	**een internet café** [en 'intərnɛt ka'fe]
la calle ...	**... straat** [... strãt]
este lugar	**dit adres** [dit ad'rɛs]
¿Sabe usted dónde está ...?	**Weet u waar ... is?** [wēt ju wãr ... is?]
¿Cómo se llama esta calle?	**Welke straat is dit?** [wɛlkə strãt is dit?]
Muestreme dónde estamos ahora.	**Kunt u me aanwijzen waar we nu zijn?** [kʉnt ju mə 'ānwɛjzən wãr wə nʉ zɛjn]
¿Puedo llegar a pie?	**Kan ik er lopend naar toe?** [kan ik ɛr 'lɔpənt nãr tu?]
¿Tiene un mapa de la ciudad?	**Hebt u een plattegrond van de stad?** [hɛpt ju en platə'xrɔnt van də stat?]
¿Cuánto cuesta la entrada?	**Hoeveel kost de toegang?** [huvēl kɔst də 'tuxaŋ?]
¿Se pueden hacer fotos aquí?	**Kan ik hier foto's maken?** [kan ik hir 'fotɔs 'makən?]
¿Está abierto?	**Bent u open?** [bɛnt ju 'ɔpən?]

¿A qué hora abren?

Hoe laat gaat u open?
[hu lāt xāt ju 'ɔpǝn?]

¿A qué hora cierran?

Hoe laat sluit u?
[hu lāt slœʏt ju?]

Dinero

dinero	**geld** [xɛlt]
efectivo	**contant** [kɔn'tant]
billetes	**bankbiljetten** [bank·bi'ljetən]
monedas	**kleingeld** [klɛjn·xɛlt]
la cuenta | el cambio | la propina	**rekening | wisselgeld | fooi** [rekənin | 'wisəl·xɛlt | fōj]

la tarjeta de crédito	**creditcard** [kredit·kart]
la cartera	**portemonnee** [pɔrtəmɔ'nē]
comprar	**kopen** ['kɔpən]
pagar	**betalen** [bə'talən]
la multa	**boete** ['butə]
gratis	**gratis** [xratis]

¿Dónde puedo comprar …?	**Waar kan ik … kopen?** [wãr kan ik … 'kɔpən?]
¿Está el banco abierto ahora?	**Is de bank nu open?** [is də bank nʉ 'ɔpən?]
¿A qué hora abre?	**Hoe laat gaat hij open?** [hu lãt xãt hɛj 'ɔpən?]
¿A qué hora cierra?	**Hoe laat sluit hij?** [hu lãt slœʏt hɛj?]

¿Cuánto cuesta?	**Hoeveel?** [huvēl?]
¿Cuánto cuesta esto?	**Hoeveel kost dit?** [huvēl kɔst dit?]
Es muy caro.	**Dat is te duur.** [dat is tə dūr]

Perdone, ¿dónde está la caja?	**Pardon, waar moet ik betalen?** [par'dɔn, wãr mut ik bə'talən?]
La cuenta, por favor.	**De rekening alstublieft.** [də 'rekənin alstʉ'blift]

¿Puedo pagar con tarjeta?

Kan ik met een creditcard betalen?
[kan ik mɛt en 'kredit·kart bə'talən?]

¿Hay un cajero por aquí?

Is hier een geldautomaat?
[is hir en xɛlt·autɔ'māt?]

Busco un cajero automático.

Ik zoek een geldautomaat.
[ik zuk en xɛlt·autɔ'māt]

Busco una oficina de cambio.

Ik zoek een wisselagent.
[ik zuk en 'wisəl a'xɛnt]

Quisiera cambiar ...

Ik zou ... willen wisselen.
[ik 'zau ... 'wilən 'wisələn]

¿Cuál es el tipo de cambio?

Wat is de wisselkoers?
[wat is də 'wisəl·kurs?]

¿Necesita mi pasaporte?

Hebt u mijn paspoort nodig?
[hɛpt ju mɛjn 'paspōrt 'nɔdəx?]

Tiempo

¿Qué hora es?	**Hoe laat is het?** [hu lāt is ət?]
¿Cuándo?	**Wanneer?** [wa'nēr?]
¿A qué hora?	**Hoe laat?** [hu lāt?]
ahora | luego | después de …	**nu | later | na …** [nʉ | 'latər | na …]

la una	**een uur** [en ūr]
la una y cuarto	**kwart over een** [kwart 'ɔvər en]
la una y medio	**half twee** [half twē]
las dos menos cuarto	**kwart voor twee** [kwart vōr twē]

una | dos | tres	**een | twee | drie** [en | twē | dri]
cuatro | cinco | seis	**vier | vijf | zes** [vir | vɛjf | zɛs]
siete | ocho | nueve	**zeven | acht | negen** [zevən | axt | 'nexən]
diez | once | doce	**tien | elf | twaalf** [tin | ɛlf | twālf]

en …	**binnen …** ['binən …]
cinco minutos	**vijf minuten** [vɛjf mi'nʉtən]
diez minutos	**tien minuten** [tin mi'nʉtən]
quince minutos	**vijftien minuten** [vɛjftin mi'nʉtən]
veinte minutos	**twintig minuten** [twintəx mi'nʉtən]

media hora	**een half uur** [en half ūr]
una hora	**een uur** [en ūr]
por la mañana	**s ochtends** [s 'ɔxtənts]

por la mañana temprano	**s ochtends vroeg** [s 'ɔxtənts vrux]
esta mañana	**vanmorgen** [van'mɔrxən]
mañana por la mañana	**morgenochtend** ['mɔrxən 'ɔxtənt]

al mediodía	**in het midden van de dag** [in ət 'midən van də dax]
por la tarde	**s middags** [s 'midaxs]
por la noche	**s avonds** [s 'avɔnts]
esta noche	**vanavond** [va'navɔnt]

por la noche	**s avonds** [s 'avɔnts]
ayer	**gisteren** ['xistərən]
hoy	**vandaag** [van'dãx]
mañana	**morgen** ['mɔrxən]
pasado mañana	**overmorgen** [ɔvər'mɔrxən]

¿Qué día es hoy?	**Wat is het vandaag?** [wat is ət van'dãx?]
Es ...	**Het is ...** [hɛt is ...]
lunes	**maandag** [mãndax]
martes	**dinsdag** [dinzdax]
miércoles	**woensdag** [wunzdax]

jueves	**donderdag** [dɔndərdax]
viernes	**vrijdag** [vrɛjdax]
sábado	**zaterdag** [zatərdax]
domingo	**zondag** [zɔndax]

Saludos. Presentaciones.

Hola.	**Hallo.** [halɔ]
Encantado /Encantada/ de conocerle.	**Aangenaam.** [ānxənām]
Yo también.	**Insgelijks.** ['insxeləks]
Le presento a …	**Mag ik u voorstellen aan …** [max ik ju 'vōrstɛlən ān …]
Encantado.	**Aangenaam.** [ānxənām]

¿Cómo está?	**Hoe gaat het met u?** [hu xāt ət mɛt ju?]
Me llamo …	**Ik heet …** [ik hēt …]
Se llama …	**Dit is …** [dit is …]
Se llama …	**Dit is …** [dit is …]
¿Cómo se llama (usted)?	**Hoe heet u?** [hu hēt ju?]
¿Cómo se llama (él)?	**Hoe heet hij?** [hu hēt hɛj?]
¿Cómo se llama (ella)?	**Hoe heet zij?** [hu hēt zɛj?]

¿Cuál es su apellido?	**Wat is uw achternaam?** [wat is ʉw 'axtər·nām?]
Puede llamarme …	**Noem mij maar …** [num mɛj mār …]
¿De dónde es usted?	**Vanwaar komt u?** [van'wār kɔmt ju?]
Yo soy de ….	**Ik kom van …** [ik kɔm van …]
¿A qué se dedica?	**Wat is uw beroep?** [wat is ʉw bə'rup?]
¿Quién es?	**Wie is dit?** [wi is dit?]
¿Quién es él?	**Wie is hij?** [wi is hɛj?]
¿Quién es ella?	**Wie is zij?** [wi is zɛj?]
¿Quiénes son?	**Wie zijn zij?** [wi zɛjn zɛj?]

Este es ...

mi amigo

mi amiga

mi marido

mi mujer

Dit is ...
[dit is ...]

mijn vriend
[mɛjn vrint]

mijn vriendin
[mɛjn vrin'din]

mijn man
[mɛjn man]

mijn vrouw
[mɛjn 'vrau]

mi padre

mi madre

mi hermano

mi hermana

mi hijo

mi hija

mijn vader
[mɛjn 'vadər]

mijn moeder
[mɛjn 'mudər]

mijn broer
[mɛjn brur]

mijn zuster
[mɛjn 'zʉstər]

mijn zoon
[mɛjn zõn]

mijn dochter
[mɛjn 'dɔxtər]

Este es nuestro hijo.

Dit is onze zoon.
[dit is 'ɔnzə zõn]

Esta es nuestra hija.

Dit is onze dochter.
[dit is 'ɔnzə 'dɔxtər]

Estos son mis hijos.

Dit zijn mijn kinderen.
[dit zɛjn 'mɛjn 'kindərən]

Estos son nuestros hijos.

Dit zijn onze kinderen.
[dit zɛjn 'ɔnzə 'kindərən]

Despedidas

¡Adiós!	**Tot ziens!** [tɔt zins!]
¡Chau!	**Doei!** [dui!]
Hasta mañana.	**Tot morgen.** [tɔt 'mɔrxən]
Hasta pronto.	**Tot binnenkort.** [tɔt binə'kɔrt]
Te veo a las siete.	**Tot om zeven uur.** [tɔt ɔm 'zevən ūr]

¡Que se diviertan!	**Veel plezier!** [vēl plə'zīr!]
Hablamos más tarde.	**Tot straks.** [tɔt straks]
Que tengas un buen fin de semana.	**Prettig weekend.** [prɛtəx 'wīkɛnt]
Buenas noches.	**Goede nacht.** [xudə naxt]

Es hora de irme.	**ik moet opstappen.** [ik mut 'ɔpstapən]
Tengo que irme.	**Ik moet weg.** [ik mut wɛx]
Ahora vuelvo.	**ik ben zo terug.** [ik bɛn zɔ te'rʉx]

Es tarde.	**Het is al laat.** [hɛt is al lāt]
Tengo que levantarme temprano.	**Ik moet vroeg op.** [ik mut vrux ɔp]
Me voy mañana.	**Ik vertrek morgen.** [ik vər'trɛk 'mɔrxən]
Nos vamos mañana.	**Wij vertrekken morgen.** [wɛj vər'trɛkən 'mɔrxən]

¡Que tenga un buen viaje!	**Prettige reis!** ['prɛtixə rɛjs!]
Ha sido un placer.	**Het was fijn u te leren kennen.** [hɛt was fɛjn ju tə 'lerən 'kɛnən]
Fue un placer hablar con usted.	**Het was een prettig gesprek.** [hɛt was en 'prɛtəx xe'sprɛk]
Gracias por todo.	**Dank u wel voor alles.** [dank ju wɛl vōr 'aləs]

Lo he pasado muy bien.	**ik heb ervan genoten.** [ik hɛp ɛr'van xə'nɔtən]
Lo pasamos muy bien.	**Wij hebben ervan genoten.** [wɛj 'hɛbən ɛr'van xə'nɔtən]
Fue genial.	**Het was bijzonder leuk.** [hɛt was bi'zɔndər 'løk]
Le voy a echar de menos.	**Ik ga je missen.** [ik xa je 'misən]
Le vamos a echar de menos.	**Wij gaan je missen.** [wɛj xān je 'misən]

¡Suerte!	**Veel succes!** [vēl sʉk'sɛs!]
Saludos a ...	**De groeten aan ...** [də 'xrutən ān ...]

Idioma extranjero

No entiendo.	**Ik versta het niet.** [ik vər'sta ət nit]
Escríbalo, por favor.	**Schrijf het neer alstublieft.** [sxrɛjf ət nēr alstʉ'blift]
¿Habla usted ...?	**Spreekt u ...?** [sprēkt ju ...?]

Hablo un poco de ...	**Ik spreek een beetje ...** [ik sprēk en 'bētjə ...]
inglés	**Engels** ['ɛŋəls]
turco	**Turks** [tʉrks]
árabe	**Arabisch** [a'rabis]
francés	**Frans** [frans]

alemán	**Duits** [dœʏts]
italiano	**Italiaans** [itali'āns]
español	**Spaans** [spāns]
portugués	**Portugees** [pɔrtʉ'xēs]
chino	**Chinees** [ʃi'nēs]
japonés	**Japans** [ja'pans]

¿Puede repetirlo, por favor?	**Kunt u dat herhalen alstublieft.** [kʉnt ju dat hɛr'halən alstʉ'blift]
Lo entiendo.	**Ik versta het.** [ik vər'sta ət]
No entiendo.	**Ik versta het niet.** [ik vər'sta ət nit]
Hable más despacio, por favor.	**Spreek wat langzamer alstublieft.** [sprēk wat 'laŋzamər alstʉ'blift]

¿Está bien?	**Is dat juist?** [is dat jœʏst?]
¿Qué es esto? (¿Que significa esto?)	**Wat is dit?** [wat is dit?]

Disculpas

Perdone, por favor.	**Excuseer me alstublieft.** [ɛkskʉ'zēr mə alstʉ'blift]
Lo siento.	**Sorry.** ['sɔri]
Lo siento mucho.	**Het spijt me.** [hɛt spɛjt mə]
Perdón, fue culpa mía.	**Sorry, het is mijn schuld.** [sɔri, hɛt is mɛjn sxʉlt]
Culpa mía.	**Mijn schuld.** [mɛjn sxʉlt]

¿Puedo ...?	**Mag ik ...?** [max ik ...?]
¿Le molesta si ...?	**Is het goed dat ...?** [iz ət xut dat ...?]
¡No hay problema! (No pasa nada.)	**Het is okay.** [hɛt is ɔ'kɛj]
Todo está bien.	**Maakt niet uit.** [mākt nit œyt]
No se preocupe.	**Maak je geen zorgen.** [māk je xēn 'zɔrxən]

Acuerdos

Sí.	**Ja.** [ja]
Sí, claro.	**Ja zeker.** [ja 'zekər]
Bien.	**Goed!** [xut!]
Muy bien.	**Uitstekend.** [œyt'stekənt]
¡Claro que sí!	**Zeker weten!** ['zekər 'wetən!]
Estoy de acuerdo.	**Ik ga akkoord.** [ik xa a'kõrt]

Es verdad.	**Precies.** [prə'sis]
Es correcto.	**Juist.** [jœyst]
Tiene razón.	**Je hebt gelijk.** [je hɛpt xə'lɛjk]
No me molesta.	**Ik doe het graag.** [ik du ət xrãx]
Es completamente cierto.	**Dat is juist.** [dat is jœyst]

Es posible.	**Dat is mogelijk.** [dat is 'mɔxələk]
Es una buena idea.	**Dat is een goed idee.** [dat is en xut i'dē]
No puedo decir que no.	**Ik kan niet nee zeggen.** [ik kan nit nē 'zɛxən]
Estaré encantado /encantada/.	**Met genoegen.** [mɛt xə'nuxən]
Será un placer.	**Graag.** [xrãx]

Rechazo. Expresar duda

No.	**Nee.** [nē]
Claro que no.	**Beslist niet.** [bəs'list nit]
No estoy de acuerdo.	**Daar ben ik het niet mee eens.** [dār bɛn ik ət nit mē ēns]
No lo creo.	**Dat geloof ik niet.** [dat xe'lōf ik nit]
No es verdad.	**Dat is niet waar.** [dat is nit wār]

No tiene razón.	**U maakt een fout.** [ju mākt en 'faut]
Creo que no tiene razón.	**Ik denk dat u een fout maakt.** [ik dɛnk dat ju en 'faut mākt]
No estoy seguro /segura/.	**Ik weet het niet zeker.** [ik wēt ət nit 'zekər]
No es posible.	**Het is onmogelijk.** [hɛt is ɔn'mɔxələk]
¡Nada de eso!	**Beslist niet!** [bəs'list nit!]

Justo lo contrario.	**Precies het tegenovergestelde!** [prə'sis hɛt 'texən·ɔvərxəstɛldə!]
Estoy en contra de ello.	**Ik ben er tegen.** [ik bɛn ɛr 'texən]
No me importa. (Me da igual.)	**Ik geef er niet om.** [ik xēf ɛr nit ɔm]
No tengo ni idea.	**Ik heb geen idee.** [ik hɛp xēn i'dē]
Dudo que sea así.	**Dat betwijfel ik.** [dat bet'wɛjfəl ik]

Lo siento, no puedo.	**Sorry, ik kan niet.** [sɔri, ik kan nit]
Lo siento, no quiero.	**Sorry, ik wil niet.** ['sɔri, ik wil nit]
Gracias, pero no lo necesito.	**Dank u, maar ik heb dit niet nodig.** [dank ju, mār ik hɛp dit nit 'nɔdəx]
Ya es tarde.	**Het wordt laat.** [hɛt wɔrt lāt]

Tengo que levantarme temprano.

Ik moet vroeg op.
[ik mut vrux ɔp]

Me encuentro mal.

Ik voel me niet lekker.
[ik vul mə nit 'lɛkər]

Expresar gratitud

Gracias.	**Bedankt.** [bə'dankt]
Muchas gracias.	**Heel erg bedankt.** [hēl ɛrx bə'dankt]
De verdad lo aprecio.	**Ik stel dit zeer op prijs.** [ik stel dit zēr ɔp prɛjs]
Se lo agradezco.	**Ik ben u erg dankbaar.** [ik bɛn ju ɛrx 'dankbār]
Se lo agradecemos.	**Wij zijn u erg dankbaar.** [wɛj zɛjn ju ɛrx 'dankbār]

Gracias por su tiempo.	**Bedankt voor uw tijd.** [bə'dankt vōr ʉw tɛjt]
Gracias por todo.	**Dank u wel voor alles.** [dank ju wɛl vōr 'aləs]
Gracias por ...	**Bedankt voor ...** [bə'dankt vōr ...]
su ayuda	**uw hulp** [ʉw hʉlp]
tan agradable momento	**een leuke dag** [en 'løkə dax]

una comida estupenda	**een heerlijke maaltijd** [en 'hērlɛkə 'māltɛjt]
una velada tan agradable	**een prettige avond** [en 'prɛtixə 'avɔnt]
un día maravilloso	**een prettige dag** [en 'prɛtixə dax]
un viaje increíble	**een fantastische reis** [en fan'tastise rɛjs]

No hay de qué.	**Graag gedaan.** [xrāx xə'dān]
De nada.	**Graag gedaan.** [xrāx xə'dān]
Siempre a su disposición.	**Graag gedaan.** [xrāx xə'dān]
Encantado /Encantada/ de ayudarle.	**Tot uw dienst.** [tɔt ʉw dinst]
No hay de qué.	**Graag gedaan.** [xrāx xə'dān]
No tiene importancia.	**Maak je geen zorgen.** [māk je xēn 'zɔrxən]

Felicitaciones , Mejores Deseos

¡Felicidades!

Gefeliciteerd!
[xəfelisi'tērt!]

¡Feliz Cumpleaños!

Gefeliciteerd met je verjaardag!
[xəfelisi'tērt mɛt je və'rjārdax!]

¡Feliz Navidad!

Prettig Kerstfeest!
[prɛtəx 'kɛrstfēst!]

¡Feliz Año Nuevo!

Gelukkig Nieuwjaar!
[xə'lʉkəx 'niu'jār!]

¡Felices Pascuas!

Vrolijk Paasfeest!
[vrɔlək 'pāsfēst!]

¡Feliz Hanukkah!

Gelukkig Chanoeka!
[xə'lʉkəx 'xanuka!]

Quiero brindar.

Ik wil een heildronk uitbrengen.
[ik wil en 'hɛjldrɔnk 'œytbreŋen]

¡Salud!

Proost!
[prōst!]

¡Brindemos por ...!

Laten we drinken op ...!
[latən we 'drinkən ɔp ... !]

¡A nuestro éxito!

Op ons succes!
[ɔp ɔns sʉk'sɛs!]

¡A su éxito!

Op uw succes!
[ɔp ʉw sʉk'sɛs!]

¡Suerte!

Veel succes!
[vēl sʉk'sɛs!]

¡Que tenga un buen día!

Een prettige dag!
[en 'prɛtixə dax!]

¡Que tenga unas buenas vacaciones!

Een prettige vakantie!
[en 'prɛtixə va'kantsi!]

¡Que tenga un buen viaje!

Een veilige reis!
[en 'vɛjlixə rɛjs!]

¡Espero que se recupere pronto!

Ik hoop dat u gauw weer beter bent!
[ik hōp dat ju 'xau wēr 'betər bɛnt!]

Socializarse

¿Por qué está triste?

Waarom zie je er zo verdrietig uit?
[wã'rɔm zi je ɛr zɔ vər'dritəx œʏt?]

¡Sonría! ¡Animese!

Lach eens! Wees vrolijk!
[lax ēns! wēs 'vrɔlək!]

¿Está libre esta noche?

Ben je vrij vanavond?
[bɛn je vrɛj va'navɔnt?]

¿Puedo ofrecerle algo de beber?

Mag ik je een drankje aanbieden?
[max ik je en 'drankje 'ānbidən?]

¿Querría bailar conmigo?

Zullen we eens dansen?
[zʉlən we ēns 'dansən?]

Vamos a ir al cine.

Laten we naar de bioscoop gaan.
[latən we nār də biɔ'skōp xãn]

¿Puedo invitarle a …?

Mag ik je uitnodigen naar …?
[max ik je 'œʏtnɔdixən nār …?]

un restaurante

een restaurant
[en rɛstɔ'ran]

el cine

de bioscoop
[də biɔ'skōp]

el teatro

het theater
[hɛt te'ater]

dar una vuelta

een wandeling
[en 'wandəliŋ]

¿A qué hora?

Hoe laat?
[hu lāt?]

esta noche

vanavond
[va'navɔnt]

a las seis

om zes uur
[ɔm zɛs ūr]

a las siete

om zeven uur
[ɔm 'zevən ūr]

a las ocho

om acht uur
[ɔm axt ūr]

a las nueve

om negen uur
[ɔm 'nexən ūr]

¿Le gusta este lugar?

Vind u het hier leuk?
[vint ju ət hir 'løk?]

¿Está aquí con alguien?

Bent u hier met iemand?
[bɛnt ju hir mɛt i'mant?]

Estoy con mi amigo /amiga/.

Ik ben met mijn vriend.
[ik bɛn mɛt mɛjn vrint]

Estoy con amigos.	**Ik ben met mijn vrienden.** [ik bɛn mɛt mɛjn 'vrindən]
No, estoy solo /sola/.	**Nee, ik ben alleen.** [ik bɛn a'lēn]

¿Tienes novio?	**Heb jij een vriendje?** [hɛp jɛj en 'vrindje?]
Tengo novio.	**Ik heb een vriendje.** [ik hɛp en 'vrindje]
¿Tienes novia?	**Heb jij een vriendin?** [hɛp jɛj en vrin'din?]
Tengo novia.	**Ik heb een vriendin.** [ik hɛp en vrin'din]

¿Te puedo volver a ver?	**Kan ik je weer eens zien?** [kan ik je wēr ēns zin?]
¿Te puedo llamar?	**Mag ik je opbellen?** [max ik je ɔ'bɛlən?]
Llámame.	**Bel me op.** [bɛl mə ɔp]
¿Cuál es tu número?	**Wat is je nummer?** [wat is je 'nʉmər?]
Te echo de menos.	**Ik mis je.** [ik mis je]

¡Qué nombre tan bonito!	**U hebt een mooie naam.** [ju hɛpt en mōje nãm]
Te quiero.	**Ik hou van jou.** [ik 'hau van 'jau]
¿Te casarías conmigo?	**Wil je met me trouwen?** [wil je mɛt mə 'trauwən?]
¡Está de broma!	**Dat meen je niet!** [dat mēn je nit!]
Sólo estoy bromeando.	**Grapje.** [xrapje]

¿En serio?	**Meen je dat?** [mēn je dat?]
Lo digo en serio.	**Ik meen het.** [ik mēn ət]
¿De verdad?	**Heus waar?!** [høs wãr?!]
¡Es increíble!	**Dat is ongelooflijk!** [dat is ɔnxə'lōflək!]
No le creo.	**Ik geloof je niet.** [ik xə'lōf je nit]
No puedo.	**Ik kan niet.** [ik kan nit]
No lo sé.	**Ik weet het niet.** [ik wēt ət nit]
No le entiendo.	**Ik versta u niet.** [ik vər'sta ju nit]

Váyase, por favor.

¡Déjeme en paz!

Ga alstublieft weg.
[xa alstʉ'blift wɛx]
Laat me gerust!
[lāt mə xə'rʉst!]

Es inaguantable.

¡Es un asqueroso!

¡Llamaré a la policía!

Ik kan hem niet uitstaan.
[ik kan hɛm nit 'œʏtstān]
U bent een smeerlap!
[ju bɛnt en 'smērlap!]
Ik ga de politie bellen!
[ik xa də pɔ'litsi 'bɛlən!]

Compartir impresiones. Emociones

Me gusta.	**Dat vind ik fijn.** [dat vint ik fɛjn]
Muy lindo.	**Heel mooi.** [hēl mōj]
¡Es genial!	**Wat leuk!** [wat 'løk!]
No está mal.	**Dat is niet slecht.** [dat is nit slɛxt]

No me gusta.	**Daar houd ik niet van.** [dār 'haut ik nit van]
No está bien.	**Dat is niet goed.** [dat is nit xut]
Está mal.	**Het is slecht.** [hɛt is slɛxt]
Está muy mal.	**Het is heel slecht.** [hɛt is hēl slɛxt]
¡Qué asco!	**Het is smerig.** [hɛt is 'smerəx]

Estoy feliz.	**Ik ben blij.** [ik bɛn blɛj]
Estoy contento /contenta/.	**Ik ben tevreden.** [ik bɛn təv'redən]
Estoy enamorado /enamorada/.	**ik ben verliefd.** [ik bɛn vər'lift]
Estoy tranquilo.	**Ik voel me rustig.** [ik vul mə 'rʉstəx]
Estoy aburrido.	**Ik verveel me.** [ik vər'vēl mə]

Estoy cansado /cansada/.	**Ik ben moe.** [ik bɛn mu]
Estoy triste.	**Ik ben verdrietig.** [ik bɛn vər'dritəx]
Estoy asustado.	**Ik ben bang.** [ik bɛn baŋ]
Estoy enfadado /enfadada/.	**Ik ben kwaad.** [ik bɛn kwāt]

Estoy preocupado /preocupada/.	**Ik ben bezorgd.** [ik bɛn bə'zɔrxt]
Estoy nervioso /nerviosa/.	**Ik ben zenuwachtig.** [ik bɛn 'zenʉwaxtəx]

Estoy celoso /celosa/.

Ik ben jaloers.
[ik bɛn jaˈlurs]

Estoy sorprendido /sorprendida/.

Het verwondert me.
[hɛt vərˈwɔndərt mə]

Estoy perplejo /perpleja/.

Ik sta paf.
[ik sta paf]

Problemas, Accidentes

Tengo un problema.	**Ik heb een probleem.** [ik hɛp en prɔ'blēm]
Tenemos un problema.	**Wij hebben een probleem.** [wɛj 'hɛbən en prɔ'blēm]
Estoy perdido /perdida/.	**Ik ben de weg kwijt.** [ik bɛn də wɛx kwɛjt]
Perdí el último autobús (tren).	**Ik heb de laatste bus (trein) gemist.** [ik hɛp də 'lātstə bʉs (trɛjn) xə'mist]
No me queda más dinero.	**Ik heb geen geld meer.** [ik hɛp xēn xɛlt mēr]

He perdido ...	**Ik heb mijn ... verloren** [ik hɛp mɛjn ... vər'lɔrən]
Me han robado ...	**Iemand heeft mijn ... gestolen** [imant hēft mɛjn ... xəs'tɔlən]
mi pasaporte	**paspoort** [paspōrt]
mi cartera	**portemonnee** [pɔrtəmɔ'nē]
mis papeles	**papieren** [pa'pirən]
mi billete	**kaartje** [kārtjə]

mi dinero	**geld** [xɛlt]
mi bolso	**tas** [tas]
mi cámara	**camera** [kaməra]
mi portátil	**laptop** ['lɛptɔp]
mi tableta	**tablet** [tab'lɛt]
mi teléfono	**mobieltje** [mɔ'biltjə]

¡Ayúdeme!	**Help!** [hɛlp!]
¿Qué pasó?	**Wat is er aan de hand?** [wat is ɛr ān də hant?]
el incendio	**brand** [brant]

un tiroteo	**er wordt geschoten** [ɛr wɔrt xəs'xɔtən]
el asesinato	**moord** [mõrt]
una explosión	**ontploffing** [ɔntp'lɔfiŋ]
una pelea	**gevecht** [xə'vɛxt]

¡Llame a la policía!	**Bel de politie!** [bɛl də pɔ'litsi!]
¡Más rápido, por favor!	**Opschieten alstublieft!** [ɔpsxitən alstʉ'blift!]
Busco la comisaría.	**Ik zoek het politiebureau.** [ik zuk ət pɔ'litsi bʉ'rɔ]
Tengo que hacer una llamada.	**Ik moet opbellen.** [ik mut ɔ'bɛlən]
¿Puedo usar su teléfono?	**Mag ik uw telefoon gebruiken?** [max ik ʉw telə'fõn xe'brœʏkən?]

Me han …	**Ik ben …** [ik bɛn …]
asaltado /asaltada/	**overvallen** [ɔvər'valən]
robado /robada/	**bestolen** [bəs'tɔlən]
violada	**verkracht** [vərk'raxt]
atacado /atacada/	**aangevallen** [ānxəvalən]

¿Se encuentra bien?	**Gaat het?** [xāt ət?]
¿Ha visto quien a sido?	**Hebt u gezien wie het was?** [hɛpt ju xə'zin wi ət was?]
¿Sería capaz de reconocer a la persona?	**Zou u de persoon kunnen herkennen?** [zau ju də pɛr'sõn 'kʉnən hɛr'kɛnən?]
¿Está usted seguro?	**Bent u daar zeker van?** [bɛnt ju dār 'zekər van?]

Por favor, cálmese.	**Rustig aan alstublieft.** [rʉstəx ān alstʉ'blift]
¡Cálmese!	**Kalm aan!** [kalm ān!]
¡No se preocupe!	**Maak je geen zorgen!** [māk je xēn 'zɔrxən!]
Todo irá bien.	**Alles komt in orde.** [aləs kɔmt in 'ɔrdə]
Todo está bien.	**Alles is in orde.** [aləs iz in 'ɔrdə]
Venga aquí, por favor.	**Kom hier alstublieft.** [kɔm hir alstʉ'blift]

Tengo unas preguntas para usted.

Ik heb een paar vragen voor u.
[ik hɛp en pār 'vraxən vōr ju]

Espere un momento, por favor.

Een ogenblikje alstublieft.
[en 'ɔxənblikje alstʉ'blift]

¿Tiene un documento de identidad?

Hebt u een ID-kaart?
[hɛpt ju en aj'di-kārt?]

Gracias. Puede irse ahora.

Dank u. U mag nu vertrekken.
[dank ju. ju max nʉ vər'trɛkən]

¡Manos detrás de la cabeza!

Handen achter uw hoofd!
[handən 'axtər ʉw hōft!]

¡Está arrestado!

U bent onder arrest!
[ju bɛnt 'ɔndər a'rɛst!]

Problemas de salud

Ayudeme, por favor.	**Kunt u mij helpen alstublieft?** [kʉnt ju mɛj 'hɛlpən alstʉ'blift]
No me encuentro bien.	**Ik voel me niet goed.** [ik vul mə nit xut]
Mi marido no se encuentra bien.	**Mijn man voelt zich niet goed.** [mɛjn man vult zix nit xut]
Mi hijo ...	**Mijn zoon ...** [mɛjn zõn ...]
Mi padre ...	**Mijn vader ...** [mɛjn 'vadər ...]
Mi mujer no se encuentra bien.	**Mijn vrouw voelt zich niet goed.** [mɛjn 'vrau vult zix nit xut]
Mi hija ...	**Mijn dochter ...** [mɛjn 'dɔxtər ...]
Mi madre ...	**Mijn moeder ...** [mɛjn 'mudər ...]
Me duele ...	**Ik heb ...** [ik hɛp ...]
la cabeza	**hoofdpijn** [hõftpɛjn]
la garganta	**keelpijn** [kēlpɛjn]
el estómago	**maagpijn** [mãxpɛjn]
un diente	**tandpijn** [tantpɛjn]
Estoy mareado.	**Ik voel me duizelig.** [ik vul mə 'dœyzələx]
Él tiene fiebre.	**Hij heeft koorts.** [hɛj hēft kõrts]
Ella tiene fiebre.	**Zij heeft koorts.** [zɛj hēft kõrts]
No puedo respirar.	**Ik heb moeite met ademen.** [ik hɛp 'mujtə mɛt 'adəmən]
Me ahogo.	**Ik ben kortademig.** [ik bɛn kɔ'rtadəməx]
Tengo asma.	**Ik ben astmatisch.** [ik bɛn astm'atis]
Tengo diabetes.	**Ik ben diabeet.** [ik bɛn 'diabēt]

No puedo dormir.

Ik kan niet slapen.
[ik kan nit 'slapən]

intoxicación alimentaria

voedselvergiftiging
[vutsəl·vər'xiftəxiŋ]

Me duele aquí.

Het doet hier pijn.
[hɛt dut hir pɛjn]

¡Ayúdeme!

Help!
[hɛlp!]

¡Estoy aquí!

Ik ben hier!
[ik bɛn hir!]

¡Estamos aquí!

Wij zijn hier!
[wɛj zɛjn hir!]

¡Saquenme de aquí!

Kom mij halen!
[kɔm mɛj 'halən!]

Necesito un médico.

Ik heb een dokter nodig.
[ik hɛp en 'dɔktər 'nɔdəx]

No me puedo mover.

Ik kan me niet bewegen.
[ik kan mə nit bə'wexən]

No puedo mover mis piernas.

Ik kan mijn benen niet bewegen.
[ik kan mɛjn 'benən nit bə'wexən]

Tengo una herida.

Ik heb een wond.
[ik hɛp en wɔnt]

¿Es grave?

Is het erg?
[iz ət ɛrx?]

Mis documentos están en mi bolsillo.

Mijn documenten zijn in mijn zak.
[mɛjn dɔkʉ'mɛntən zɛjn in mɛjn zak]

¡Cálmese!

Rustig maar!
[rʉstəx mãr!]

¿Puedo usar su teléfono?

Mag ik uw telefoon gebruiken?
[max ik ʉw telə'fõn xe'brœʏkən?]

¡Llame a una ambulancia!

Bel een ambulance!
[bɛl en ambʉ'lansə!]

¡Es urgente!

Het is dringend!
[hɛt is 'driŋənt!]

¡Es una emergencia!

Het is een noodgeval!
[hɛt is en 'nõtxəval!]

¡Más rápido, por favor!

Opschieten alstublieft!
[ɔpsxitən alstʉ'blift!]

¿Puede llamar a un médico, por favor?

Kunt u alstublieft een dokter bellen?
[kʉnt ju alstʉ'blift en 'dɔktər 'bɛlən?]

¿Dónde está el hospital?

Waar is het ziekenhuis?
[wãr iz ət 'zikənhœʏs?]

¿Cómo se siente?

Hoe voelt u zich?
[hu vult ju zix?]

¿Se encuentra bien?

Hoe gaat het?
[hu xãt ət?]

¿Qué pasó?

Wat is er gebeurd?
[wat is ɛr xə'børt?]

Me encuentro mejor.

Ik voel me nu wat beter.
[ik vul mə nʉ wat 'betər]

Está bien.

Het is okay.
[hɛt is ɔ'kɛj]

Todo está bien.

Het gaat beter.
[hɛt xãt 'betər]

En la farmacia

la farmacia	**apotheek** [apɔ'tēk]
la farmacia 24 horas	**dag en nacht apotheek** [dax en naxt apɔ'tēk]
¿Dónde está la farmacia más cercana?	**Waar is de meest nabij gelegen apotheek?** [wār is də mēst na'bɛj xə'lexən apɔ'tēk?]

¿Está abierta ahora?	**Is hij nu open?** [is hɛj nʉ 'ɔpən?]
¿A qué hora abre?	**Hoe laat gaat hij open?** [hu lāt xāt hɛj 'ɔpən?]
¿A qué hora cierra?	**Hoe laat sluit hij?** [hu lāt slœyt hɛj?]

¿Está lejos?	**Is het ver?** [iz ət vɛr?]
¿Puedo llegar a pie?	**Kan ik er lopend naar toe?** [kan ik ɛr 'lɔpənt nār tu?]
¿Puede mostrarme en el mapa?	**Kunt u het op de plattegrond aanwijzen?** [kʉnt ju ət ɔp də platə'xrɔnt 'ānwɛjzən?]

Por favor, deme algo para …	**Geef mij alstublieft iets voor …** [xēf mɛj alstʉ'blift its vōr …]
un dolor de cabeza	**hoofdpijn** [hōftpɛjn]
la tos	**hoest** [hust]
el resfriado	**verkoudheid** [vər'kauthɛjt]
la gripe	**de griep** [də xrip]

la fiebre	**koorts** [kōrts]
un dolor de estomago	**maagpijn** [māxpɛjn]
nauseas	**misselijkheid** ['misələkhɛjt]
la diarrea	**diarree** [dia'rē]

el estreñimiento	constipatie [kɔnsti'patsi]
un dolor de espalda	rugpijn [rʉxpɛjn]
un dolor de pecho	pijn in mijn borst [pɛjn in mɛjn bɔrst]
el flato	steek in de zij [stēk in də zɛj]
un dolor abdominal	pijn in mijn onderbuik [pɛjn in mɛjn 'ɔndərbœʏk]

la píldora	pil [pil]
la crema	zalf, crème [zalf, krɛ:m]
el jarabe	stroop [strōp]
el spray	verstuiver [vərstœʏvər]
las gotas	druppels [drʉpəls]

Tiene que ir al hospital.	U moet naar het ziekenhuis. [ju mut nār ət 'zikənhœʏs]
el seguro de salud	ziektekostenverzekering [ziktəkɔstən·vər'zekəriŋ]
la receta	voorschrift [vōrsxrift]
el repelente de insectos	anti-insecten middel [anti-in'sɛktən 'midəl]
la curita	pleister ['plɛjstər]

Lo más imprescindible

Perdone, …	**Pardon, …** [par'dɔn, …]
Hola.	**Hallo.** [halɔ]
Gracias.	**Bedankt.** [bə'dankt]

Sí.	**Ja.** [ja]
No.	**Nee.** [nē]
No lo sé.	**Ik weet het niet.** [ik wēt ət nit]
¿Dónde? | ¿A dónde? | ¿Cuándo?	**Waar? | Waarheen? | Wanneer?** [wār? | wār'hēn? | wa'nēr?]

Necesito …	**Ik heb … nodig** [ik hɛp … 'nɔdəx]
Quiero …	**Ik wil …** [ik wil …]
¿Tiene …?	**Hebt u …?** [hɛpt ju …?]
¿Hay … por aquí?	**Is hier een …?** [is hir en …?]
¿Puedo …?	**Mag ik …?** [max ik …?]
…, por favor? (petición educada)	**… alstublieft** [… alstʉ'blift]

Busco …	**Ik zoek …** [ik zuk …]
el servicio	**toilet** [twa'lɛt]
un cajero automático	**geldautomaat** [xɛlt·autɔ'māt]
una farmacia	**apotheek** [apɔ'tēk]
el hospital	**ziekenhuis** [zikənhœys]

la comisaría	**politiebureau** [pɔ\'litsi bʉ\'rɔ]
el metro	**metro** ['metrɔ]

un taxi	**taxi** [taksi]
la estación de tren	**station** [sta'tsjɔn]

Me llamo …	**Ik heet …** [ik hēt …]
¿Cómo se llama?	**Hoe heet u?** [hu hēt ju?]
¿Puede ayudarme, por favor?	**Kunt u me helpen alstublieft?** [kʉnt ju mə 'hɛlpən alstʉ'blift?]
Tengo un problema.	**Ik heb een probleem.** [ik hɛp en prɔ'blēm]
Me encuentro mal.	**Ik voel me niet goed.** [ik vul mə nit xut]
¡Llame a una ambulancia!	**Bel een ambulance!** [bɛl en ambʉ'lansə!]
¿Puedo llamar, por favor?	**Mag ik opbellen?** [max ik ɔ'bɛlən?]

Lo siento.	**Sorry.** ['sɔri]
De nada.	**Graag gedaan.** [xrãx xə'dãn]

Yo	**Ik, mij** [ik, mɛj]
tú	**jij** [jɛj]
él	**hij** [hɛj]
ella	**zij** [zɛj]
ellos	**zij** [zɛj]
ellas	**zij** [zɛj]
nosotros /nosotras/	**wij** [wɛj]
ustedes, vosotros	**jullie** ['juli]
usted	**u** [ju]

ENTRADA	**INGANG** [inxaŋ]
SALIDA	**UITGANG** [œʏtxaŋ]
FUERA DE SERVICIO	**BUITEN GEBRUIK** [bœʏtən xə'brœʏk]
CERRADO	**GESLOTEN** [xə'slɔtən]

ABIERTO	**OPEN** [ˈɔpən]
PARA SEÑORAS	**DAMES** [daməs]
PARA CABALLEROS	**HEREN** [ˈherən]

VOCABULARIO TEMÁTICO

Esta sección contiene más
de 3.000 de las palabras más
importantes. El diccionario
le proporcionará una ayuda
inestimable mientras viaja al
extranjero, porque las palabras
individuales son a menudo
suficientes para que
le entiendan.
El diccionario incluye una
transcripción adecuada
de cada palabra extranjera

T&P Books Publishing

CONTENIDO DEL DICCIONARIO

T&P Books Publishing

T&P BOOKS

CONCEPTOS BÁSICOS

T&P Books Publishing

1. Los pronombres

yo	**ik**	[ik]
tú	**jij, je**	[jɛj], [jə]
él	**hij**	[hɛj]
ella	**zij, ze**	[zɛj], [zə]
ello	**het**	[ət]
nosotros, -as	**wij, we**	[wɛj], [wə]
vosotros, -as	**jullie**	['juli]
ellos, ellas	**zij, ze**	[zɛj], [zə]

2. Saludos. Salutaciones

¡Hola! (fam.)	**Hallo! Dag!**	[ha'lɔ dax]
¡Hola! (form.)	**Hallo!**	[ha'lɔ]
¡Buenos días!	**Goedemorgen!**	['xudə·'mɔrxən]
¡Buenas tardes!	**Goedemiddag!**	['xudə·'midax]
¡Buenas noches!	**Goedenavond!**	['xudən·'avɔnt]
decir hola	**gedag zeggen**	[xe'dax 'zexən]
¡Hola! (a un amigo)	**Hoi!**	[hɔj]
saludo (m)	**groeten (het)**	['xrutən]
saludar (vt)	**verwelkomen**	[vər'wɛlkɔmən]
¿Cómo estás?	**Hoe gaat het?**	[hu xãt ət]
¿Qué hay de nuevo?	**Is er nog nieuws?**	[is ɛr nɔx 'nius]
¡Hasta la vista! (form.)	**Tot ziens!**	[tɔt 'tsins]
¡Hasta la vista! (fam.)	**Doei!**	['dui]
¡Hasta pronto!	**Tot snel!**	[tɔt snɛl]
¡Adiós!	**Vaarwel!**	[vãr'wɛl]
despedirse (vr)	**afscheid nemen**	['afsxɛjt 'nemən]
¡Hasta luego!	**Tot kijk!**	[tɔt kɛjk]
¡Gracias!	**Dank u!**	[dank ju]
¡Muchas gracias!	**Dank u wel!**	[dank ju wɛl]
De nada	**Graag gedaan**	[xrãx xə'dãn]
No hay de qué	**Geen dank!**	[xẽn dank]
De nada	**Geen moeite.**	[xẽn 'mujtə]
¡Disculpa! ¡Disculpe!	**Excuseer me, ...**	[ɛkskʉ'zẽr mə]
disculpar (vt)	**excuseren**	[ɛkskʉ'zerən]
disculparse (vr)	**zich verontschuldigen**	[zih vərɔnt'sxʉldəxən]

Mis disculpas	**Mijn excuses**	[mɛjn ɛks'kʉzəs]
¡Perdóneme!	**Het spijt me!**	[ət spɛjt mə]
perdonar (vt)	**vergeven**	[vər'xevən]
¡No pasa nada!	**Maakt niet uit!**	[măk nit œɤt]
por favor	**alsjeblieft**	[alstʉ'blift]

¡No se le olvide!	**Vergeet het niet!**	[vər'xēt ət nit]
¡Ciertamente!	**Natuurlijk!**	[na'tūrlək]
¡Claro que no!	**Natuurlijk niet!**	[na'tūrlək nit]
¡De acuerdo!	**Akkoord!**	[a'kōrt]
¡Basta!	**Zo is het genoeg!**	[zɔ is ət xə'nux]

3. Las preguntas

¿Quién?	**Wie?**	[wi]
¿Qué?	**Wat?**	[wat]
¿Dónde?	**Waar?**	[wār]
¿Adónde?	**Waarheen?**	[wār'hēn]
¿De dónde?	**Waarvandaan?**	[ʋār·van'dān]
¿Cuándo?	**Wanneer?**	[wa'nēr]
¿Para qué?	**Waarom?**	[wār'ɔm]
¿Por qué?	**Waarom?**	[wār'ɔm]

¿Por qué razón?	**Waarvoor dan ook?**	[wār'vōr dan 'ōk]
¿Cómo?	**Hoe?**	[hu]
¿Qué ...? (~ color)	**Wat voor ...?**	[wat vɔr]
¿Cuál?	**Welk?**	[wɛlk]

¿A quién?	**Aan wie?**	[ān wi]
¿De quién? (~ hablan ...)	**Over wie?**	['ɔvər wi]
¿De qué?	**Waarover?**	[wār'ɔvər]
¿Con quién?	**Met wie?**	[mɛt 'wi]

| ¿Cuánto? | **Hoeveel?** | [hu'vēl] |
| ¿De quién? (~ es este ...) | **Van wie?** | [van 'wi] |

4. Las preposiciones

con ... (~ algn)	**met**	[mɛt]
sin ... (~ azúcar)	**zonder**	['zɔndər]
a ... (p.ej. voy a México)	**naar**	[nār]
de ... (hablar ~)	**over**	['ɔvər]
antes de ...	**voor**	[vōr]
delante de ...	**voor**	[vōr]

debajo	**onder**	['ɔndər]
sobre ..., encima de ...	**boven**	['bɔvən]
en, sobre (~ la mesa)	**op**	[ɔp]

| de (origen) | van | [van] |
| de (fabricado de) | van | [van] |

| dentro de ... | over | ['ɔvər] |
| encima de ... | over | ['ɔvər] |

5. Las palabras útiles. Los adverbios. Unidad 1

¿Dónde?	Waar?	[wãr]
aquí (adv)	hier	[hir]
allí (adv)	daar	[dãr]

| en alguna parte | ergens | ['ɛrxəns] |
| en ninguna parte | nergens | ['nɛrxəns] |

| junto a ... | bij ... | [bɛj] |
| junto a la ventana | bij het raam | [bɛj het 'rãm] |

¿A dónde?	Waarheen?	[wãr'hẽn]
aquí (venga ~)	hierheen	[hir'hẽn]
allí (vendré ~)	daarheen	[dãr'hẽn]
de aquí (adv)	hiervandaan	[hirvan'dãn]
de allí (adv)	daarvandaan	[darvan'dãn]

| cerca (no lejos) | dichtbij | [dix'bɛj] |
| lejos (adv) | ver | [vɛr] |

cerca de ...	in de buurt	[in də bũrt]
al lado (de ...)	dichtbij	[dix'bɛj]
no lejos (adv)	niet ver	[nit vɛr]

izquierdo (adj)	linker	['linkər]
a la izquierda (situado ~)	links	[links]
a la izquierda (girar ~)	linksaf, naar links	['linksaf], [nãr 'links]

derecho (adj)	rechter	['rɛxtər]
a la derecha (situado ~)	rechts	[rɛxts]
a la derecha (girar)	rechtsaf, naar rechts	['rɛxtsaf], [nãr 'rɛxts]

delante (yo voy ~)	vooraan	[võ'rãn]
delantero (adj)	voorste	['võrstə]
adelante (movimiento)	vooruit	[võr'œʏt]

detrás de ...	achter	['axtər]
desde atrás	van achteren	[van 'axtərən]
atrás (da un paso ~)	achteruit	['axtərœʏt]

centro (m), medio (m)	midden (het)	['midən]
en medio (adv)	in het midden	[in ət 'midən]
de lado (adv)	opzij	[ɔp'sɛj]

en todas partes	**overal**	[ɔvə'ral]
alrededor (adv)	**omheen**	[ɔm'hēn]
de dentro (adv)	**binnenuit**	['binənœyt]
a alguna parte	**naar ergens**	[nãr 'ɛrxəns]
todo derecho (adv)	**rechtdoor**	[rɛx'dõr]
atrás (muévelo para ~)	**terug**	[te'rʉx]
de alguna parte (adv)	**ergens vandaan**	['ɛrxəns van'dãn]
no se sabe de dónde	**ergens vandaan**	['ɛrxəns van'dãn]
primero (adv)	**ten eerste**	[tən 'ērstə]
segundo (adv)	**ten tweede**	[tən 'twēdə]
tercero (adv)	**ten derde**	[tən 'dɛrdə]
de súbito (adv)	**plotseling**	['plɔtseliŋ]
al principio (adv)	**in het begin**	[in ət bə'xin]
por primera vez	**voor de eerste keer**	[võr də 'ērstə kēr]
mucho tiempo antes …	**lang voor …**	[laŋ võr]
de nuevo (adv)	**opnieuw**	[ɔp'niu]
para siempre (adv)	**voor eeuwig**	[võr 'ēwəx]
jamás, nunca (adv)	**nooit**	[nõjt]
de nuevo (adv)	**weer**	[wēr]
ahora (adv)	**nu**	[nʉ]
frecuentemente (adv)	**vaak**	[vãk]
entonces (adv)	**toen**	[tun]
urgentemente (adv)	**urgent**	[jurxənt]
usualmente (adv)	**meestal**	['mēstal]
a propósito, …	**trouwens, …**	['trauwəns]
es probable	**mogelijk**	['mɔxələk]
probablemente (adv)	**waarschijnlijk**	[wãr'sxɛjnlək]
tal vez	**misschien**	[mis'xin]
además …	**trouwens**	['trauwəns]
por eso …	**daarom …**	[dã'rɔm]
a pesar de …	**in weerwil van …**	[in 'wērwil van]
gracias a …	**dankzij …**	[dank'zɛj]
qué (pron)	**wat**	[wat]
que (conj)	**dat**	[dat]
algo (~ le ha pasado)	**iets**	[its]
algo (~ así)	**iets**	[its]
nada (f)	**niets**	[nits]
quien	**wie**	[wi]
alguien (viene ~)	**iemand**	['imant]
alguien (¿ha llamado ~?)	**iemand**	['imant]
nadie	**niemand**	['nimant]
a ninguna parte	**nergens**	['nɛrxəns]
de nadie	**niemands**	['nimants]

de alguien	iemands	['imants]
tan, tanto (adv)	zo	[zɔ]
también (~ habla francés)	ook	[ōk]
también (p.ej. Yo ~)	alsook	[al'sōk]

6. Las palabras útiles. Los adverbios. Unidad 2

¿Por qué?	Waarom?	[wār'ɔm]
no se sabe porqué	om een bepaalde reden	[ɔm en be'pāldə 'redən]
porque ...	omdat ...	[ɔm'dat]
por cualquier razón (adv)	voor een bepaald doel	[vōr en be'pālt dul]

y (p.ej. uno y medio)	en	[en]
o (p.ej. té o café)	of	[ɔf]
pero (p.ej. me gusta, ~)	maar	[mār]
para (p.ej. es para ti)	voor	[vōr]

demasiado (adv)	te	[te]
sólo, solamente (adv)	alleen	[a'lēn]
exactamente (adv)	precies	[prə'sis]
unos ..., cerca de ... (~ 10 kg)	ongeveer	[ɔnxə'vēr]

aproximadamente	ongeveer	[ɔnxə'vēr]
aproximado (adj)	bij benadering	[bɛj bə'nadəriŋ]
casi (adv)	bijna	['bɛjna]
resto (m)	rest (de)	[rɛst]
el otro (adj)	de andere	[də 'andərə]
otro (p.ej. el otro día)	ander	['andər]
cada (adj)	elk	[ɛlk]
cualquier (adj)	om het even welk	[ɔm ət ɛvən wɛlk]
mucho (adv)	veel	[vēl]
muchos (mucha gente)	veel mensen	[vēl 'mɛnsən]
todos	iedereen	[idə'rēn]

a cambio de ...	in ruil voor ...	[in 'rœyl vōr]
en cambio (adv)	in ruil	[in 'rœyl]
a mano (hecho ~)	met de hand	[mɛt də 'hant]
poco probable	onwaarschijnlijk	[ɔnwār'sxɛjnlək]

probablemente	waarschijnlijk	[wār'sxɛjnlək]
a propósito (adv)	met opzet	[mɛt 'ɔpzət]
por accidente (adv)	toevallig	[tu'valəx]

muy (adv)	zeer	[zēr]
por ejemplo (adv)	bijvoorbeeld	[bɛj'vōrbēlt]
entre (~ nosotros)	tussen	['tʉsən]
entre (~ otras cosas)	tussen	['tʉsən]
tanto (~ gente)	zoveel	[zɔ'vēl]
especialmente (adv)	vooral	[vō'ral]

NÚMEROS. MISCELÁNEA

T&P Books Publishing

cero	nul	[nʉl]
uno	een	[en]
dos	twee	[twē]
tres	drie	[dri]
cuatro	vier	[vir]

cinco	vijf	[vɛjf]
seis	zes	[zɛs]
siete	zeven	['zevən]
ocho	acht	[axt]
nueve	negen	['nexən]

diez	tien	[tin]
once	elf	[ɛlf]
doce	twaalf	[twālf]
trece	dertien	['dɛrtin]
catorce	veertien	['vērtin]

quince	vijftien	['vɛjftin]
dieciséis	zestien	['zɛstin]
diecisiete	zeventien	['zevəntin]
dieciocho	achttien	['axtin]
diecinueve	negentien	['nexəntin]

veinte	twintig	['twintəx]
veintiuno	eenentwintig	['ēnən·'twintəx]
veintidós	tweeëntwintig	['twēɛn·'twintəx]
veintitrés	drieëntwintig	['driɛn·'twintəx]

treinta	dertig	['dɛrtəx]
treinta y uno	eenendertig	['ēnən·'dɛrtəx]
treinta y dos	tweeëndertig	['twēɛn·'dɛrtəx]
treinta y tres	drieëndertig	['driɛn·'dɛrtəx]

cuarenta	veertig	['vērtəx]
cuarenta y uno	eenenveertig	['ēnən·'vertəx]
cuarenta y dos	tweeënveertig	['twēɛn·'vertəx]
cuarenta y tres	drieënveertig	['driɛn·'vērtəx]

cincuenta	vijftig	['vɛjftəx]
cincuenta y uno	eenenvijftig	['ēnən·'vɛjftəx]
cincuenta y dos	tweeënvijftig	['twēɛn·'vɛjftəx]
cincuenta y tres	drieënvijftig	['driɛn·'vɛjftəx]
sesenta	zestig	['zɛstəx]

sesenta y uno	eenenzestig	['ēnən·'zɛstəx]
sesenta y dos	tweeënzestig	['twēεn·'zɛstəx]
sesenta y tres	drieënzestig	['driεn·'zɛstəx]

setenta	zeventig	['zevəntəx]
setenta y uno	eenenzeventig	['ēnən·'zevəntəx]
setenta y dos	tweeënzeventig	['twēεn·'zevəntəx]
setenta y tres	drieënzeventig	['driεn·'zevəntəx]

ochenta	tachtig	['tahtəx]
ochenta y uno	eenentachtig	['ēnən·'tahtəx]
ochenta y dos	tweeëntachtig	['twēεn·'tahtəx]
ochenta y tres	drieëntachtig	['driεn·'taxtəx]

noventa	negentig	['nexəntəx]
noventa y uno	eenennegentig	['ēnən·'nexəntəx]
noventa y dos	tweeënnegentig	['twēεn·'nexəntəx]
noventa y tres	drieënnegentig	['driεn·'nexəntəx]

8. Números cardinales. Unidad 2

cien	honderd	['hɔndərt]
doscientos	tweehonderd	[twē·'hɔndərt]
trescientos	driehonderd	[dri·'hɔndərt]
cuatrocientos	vierhonderd	[vir·'hɔndərt]
quinientos	vijfhonderd	[vεjf·'hɔndərt]

seiscientos	zeshonderd	[zɛs·'hɔndərt]
setecientos	zevenhonderd	['zevən·'hɔndərt]
ochocientos	achthonderd	[axt·'hɔndərt]
novecientos	negenhonderd	['nexən·'hɔndərt]

mil	duizend	['dœyzənt]
dos mil	tweeduizend	[twē·'dœyzənt]
tres mil	drieduizend	[dri·'dœyzənt]
diez mil	tienduizend	[tin·'dœyzənt]
cien mil	honderdduizend	['hɔndərt·'dœyzənt]
millón (m)	miljoen (het)	[mi'ljun]
mil millones	miljard (het)	[mi'ljart]

9. Números ordinales

primero (adj)	eerste	['ērstə]
segundo (adj)	tweede	['twēdə]
tercero (adj)	derde	['dɛrdə]
cuarto (adj)	vierde	['virdə]
quinto (adj)	vijfde	['vεjfdə]
sexto (adj)	zesde	['zɛsdə]

séptimo (adj)	**zevende**	['zevəndə]
octavo (adj)	**achtste**	['axtstə]
noveno (adj)	**negende**	['nexəndə]
décimo (adj)	**tiende**	['tində]

T&P BOOKS

LOS COLORES.
LAS UNIDADES DE MEDIDA

T&P Books Publishing

10. Los colores

color (m)	**kleur (de)**	['klør]
matiz (m)	**tint (de)**	[tint]
tono (m)	**kleurnuance (de)**	['klør·nʉ'waŋsə]
arco (m) iris	**regenboog (de)**	['rexən·bõx]
blanco (adj)	**wit**	[wit]
negro (adj)	**zwart**	[zwart]
gris (adj)	**grijs**	[xrɛjs]
verde (adj)	**groen**	[xrun]
amarillo (adj)	**geel**	[xēl]
rojo (adj)	**rood**	[rõt]
azul (adj)	**blauw**	['blau]
azul claro (adj)	**lichtblauw**	['lixt·blau]
rosa (adj)	**roze**	['rɔzə]
naranja (adj)	**oranje**	[ɔ'ranjə]
violeta (adj)	**violet**	[viɔ'lɛt]
marrón (adj)	**bruin**	['brœyn]
dorado (adj)	**goud**	['xaut]
argentado (adj)	**zilverkleurig**	['zilvər·'klørəx]
beige (adj)	**beige**	['bɛːʒ]
crema (adj)	**roomkleurig**	['rõm·'klørix]
turquesa (adj)	**turkoois**	[tʉrk'was]
rojo cereza (adj)	**kersrood**	['kɛrs·rõt]
lila (adj)	**lila**	['lila]
carmesí (adj)	**karmijnrood**	['karmɛjn·'rõt]
claro (adj)	**licht**	[lixt]
oscuro (adj)	**donker**	['dɔnkər]
vivo (adj)	**fel**	[fel]
de color (lápiz ~)	**kleur-, kleurig**	['klør], ['klørəx]
en colores (película ~)	**kleuren-**	['klørən]
blanco y negro (adj)	**zwart-wit**	[zwart-wit]
unicolor (adj)	**eenkleurig**	[ēn'klørəx]
multicolor (adj)	**veelkleurig**	[vēl'klørəx]

11. Las unidades de medida

peso (m)	**gewicht (het)**	[xə'wixt]
longitud (f)	**lengte (de)**	['lɛŋtə]

anchura (f)	breedte (de)	['brētə]
altura (f)	hoogte (de)	['hōxtə]
profundidad (f)	diepte (de)	['diptə]
volumen (m)	volume (het)	[vɔ'lʉmə]
área (f)	oppervlakte (de)	['ɔpərvlaktə]

gramo (m)	gram (het)	[xram]
miligramo (m)	milligram (het)	['milixram]
kilogramo (m)	kilogram (het)	[kilɔxram]
tonelada (f)	ton (de)	[tɔn]
libra (f)	pond (het)	[pɔnt]
onza (f)	ons (het)	[ɔns]

metro (m)	meter (de)	['metər]
milímetro (m)	millimeter (de)	['milimetər]
centímetro (m)	centimeter (de)	['sɛnti'metər]
kilómetro (m)	kilometer (de)	[kilɔmetər]
milla (f)	mijl (de)	[mɛjl]

pulgada (f)	duim (de)	['dœʏm]
pie (m)	voet (de)	[vut]
yarda (f)	yard (de)	[jart]

metro (m) cuadrado	vierkante meter (de)	['virkantə 'metər]
hectárea (f)	hectare (de)	[hɛk'tarə]
litro (m)	liter (de)	['litər]
grado (m)	graad (de)	[xrāt]
voltio (m)	volt (de)	[vɔlt]
amperio (m)	ampère (de)	[am'pɛrə]
caballo (m) de fuerza	paardenkracht (de)	['pārdən·kraxt]

cantidad (f)	hoeveelheid (de)	[hu'vēlhɛjt]
un poco de …	een beetje …	[en 'bētʃə]
mitad (f)	helft (de)	[hɛlft]
docena (f)	dozijn (het)	[do'zɛjn]
pieza (f)	stuk (het)	[stʉk]

| dimensión (f) | afmeting (de) | ['afmetiŋ] |
| escala (f) (del mapa) | schaal (de) | [sxāl] |

mínimo (adj)	minimaal	[mini'māl]
el más pequeño (adj)	minste	['minstə]
medio (adj)	medium	['medijum]
máximo (adj)	maximaal	[maksi'māl]
el más grande (adj)	grootste	['xrōtstə]

12. Contenedores

| tarro (m) de vidrio | glazen pot (de) | ['xlazən pɔt] |
| lata (f) | blik (het) | [blik] |

cubo (m)	**emmer (de)**	['ɛmər]
barril (m)	**ton (de)**	[tɔn]
palangana (f)	**ronde waterbak (de)**	['watər·bak]
tanque (m)	**tank (de)**	[tank]
petaca (f) (de alcohol)	**heupfles (de)**	['høp·flɛs]
bidón (m) de gasolina	**jerrycan (de)**	['dʒɛrikən]
cisterna (f)	**tank (de)**	[tank]
taza (f) (mug de cerámica)	**beker (de)**	['bekər]
taza (f) (~ de café)	**kopje (het)**	['kɔpjə]
platillo (m)	**schoteltje (het)**	['sxɔteltʃə]
vaso (m) (~ de agua)	**glas (het)**	[xlas]
copa (f) (~ de vino)	**wijnglas (het)**	['wɛjn·xlas]
olla (f)	**pan (de)**	[pan]
botella (f)	**fles (de)**	[fles]
cuello (m) de botella	**flessenhals (de)**	['flesən·hals]
garrafa (f)	**karaf (de)**	[ka'raf]
jarro (m) (~ de agua)	**kruik (de)**	['krœʏk]
recipiente (m)	**vat (het)**	[vat]
tarro (m)	**pot (de)**	[pɔt]
florero (m)	**vaas (de)**	[vãs]
frasco (m) (~ de perfume)	**flacon (de)**	[fla'kɔn]
frasquito (m)	**flesje (het)**	['fleɕə]
tubo (m)	**tube (de)**	['tʉbə]
saco (m) (~ de azúcar)	**zak (de)**	[zak]
bolsa (f) (~ plástica)	**tasje (het)**	['taɕə]
paquete (m) (~ de cigarrillos)	**pakje (het)**	['pakjə]
caja (f)	**doos (de)**	[dõs]
cajón (m) (~ de madera)	**kist (de)**	[kist]
cesta (f)	**mand (de)**	[mant]

BOOKS

T&P

LOS VERBOS
MÁS IMPORTANTES

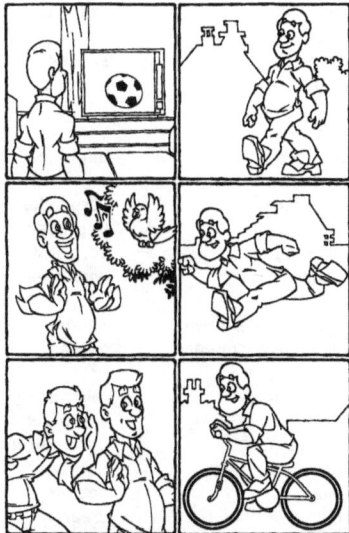

T&P Books Publishing

abrir (vt)	openen	['ɔpənən]
acabar, terminar (vt)	beëindigen	[be'ɛjndəxən]
aconsejar (vt)	adviseren	[atvi'zirən]
adivinar (vt)	goed raden	[xut 'radən]
advertir (vt)	waarschuwen	['wārsxjuvən]
alabarse, jactarse (vr)	opscheppen	['ɔpsxepən]

almorzar (vi)	lunchen	['lʉnʃən]
alquilar (~ una casa)	huren	['hʉrən]
amenazar (vt)	bedreigen	[bə'drɛjxən]
arrepentirse (vr)	betreuren	[bə'trørən]
ayudar (vt)	helpen	['hɛlpən]
bañarse (vr)	gaan zwemmen	[xān 'zwɛmən]

bromear (vi)	grappen maken	['xrapən 'makən]
buscar (vt)	zoeken	['zukən]
caer (vi)	vallen	['valən]
callarse (vr)	zwijgen	['zwɛjxən]

| cambiar (vt) | veranderen | [və'randərən] |
| castigar, punir (vt) | bestraffen | [bə'strafən] |

cavar (vt)	graven	['xravən]
cazar (vi, vt)	jagen	['jaxən]
cenar (vi)	souperen	[su'perən]
cesar (vt)	ophouden	['ɔphaudən]

| coger (vt) | vangen | ['vaŋən] |
| comenzar (vt) | beginnen | [bə'xinən] |

comparar (vt)	vergelijken	[vɛrxə'lɛjkən]
comprender (vt)	begrijpen	[bə'xrɛjpən]
confiar (vt)	vertrouwen	[vər'trauwən]
confundir (vt)	verwarren	[vər'warən]

| conocer (~ a alguien) | kennen | ['kɛnən] |
| contar (vt) (enumerar) | tellen | ['tɛlən] |

contar con …	rekenen op …	['rekənən ɔp]
continuar (vt)	vervolgen	[vər'vɔlxən]
controlar (vt)	controleren	[kɔntrɔ'lerən]
correr (vi)	rennen	['renən]
costar (vt)	kosten	['kɔstən]
crear (vt)	creëren	[kre'jerən]

14. Los verbos más importantes. Unidad 2

dar (vt)	geven	['xevən]
dar una pista	een hint geven	[en hint 'xevən]
decir (vt)	zeggen	['zexən]
decorar (para la fiesta)	versieren	[vər'sirən]

defender (vt)	verdedigen	[vər'dedixən]
dejar caer	laten vallen	['latən 'valən]
desayunar (vi)	ontbijten	[ɔn'bɛjtən]
descender (vi)	afdalen	['afdalən]

dirigir (administrar)	beheren	[bə'herən]
disculpar (vt)	excuseren	[ɛkskʉ'zerən]
disculparse (vr)	zich verontschuldigen	[zih vərɔnt'sxʉldəxən]
discutir (vt)	bespreken	[bə'sprekən]
dudar (vt)	twijfelen	['twɛjfelən]

encontrar (hallar)	vinden	['vindən]
engañar (vi, vt)	bedriegen	[bə'drixən]
entrar (vi)	binnengaan	['binənxān]
enviar (vt)	sturen	['stʉrən]

equivocarse (vr)	zich vergissen	[zih vər'xisən]
escoger (vt)	kiezen	['kizən]
esconder (vt)	verbergen	[vər'bɛrxən]
escribir (vt)	schrijven	['sxrɛjvən]
esperar (aguardar)	wachten	['waxtən]

esperar (tener esperanza)	hopen	['hɔpən]
estar de acuerdo	instemmen	['instɛmən]
estudiar (vt)	studeren	[stʉ'derən]

exigir (vt)	eisen	['ɛjsən]
existir (vi)	existeren	[ɛksis'tɛrən]
explicar (vt)	verklaren	[vər'klarən]
faltar (a las clases)	verzuimen	[vər'zœymən]
firmar (~ el contrato)	ondertekenen	['ɔndər'tekənən]

girar (~ a la izquierda)	afslaan	['afslān]
gritar (vi)	schreeuwen	['sxrẽwən]
guardar (conservar)	bewaren	[bə'warən]
gustar (vi)	bevallen	[bə'valən]
hablar (vi, vt)	spreken	['sprekən]

hacer (vt)	doen	[dun]
informar (vt)	informeren	[infɔr'merən]
insistir (vi)	aandringen	['āndriŋən]
insultar (vt)	beledigen	[bə'ledəxən]
interesarse (vr)	zich interesseren voor ...	[zix interə'serən võr]
invitar (vt)	uitnodigen	['œytnɔdixən]

ir (a pie)	**gaan**	[xān]
jugar (divertirse)	**spelen**	['spelən]

15. Los verbos más importantes. Unidad 3

leer (vi, vt)	**lezen**	['lezən]
liberar (ciudad, etc.)	**bevrijden**	[bə'vrɛjdən]
llamar (por ayuda)	**roepen**	['rupən]
llegar (vi)	**aankomen**	['ānkɔmən]
llorar (vi)	**huilen**	['hœʏlən]
matar (vt)	**doden**	['dɔdən]
mencionar (vt)	**vermelden**	[vər'mɛldən]
mostrar (vt)	**tonen**	['tɔnən]
nadar (vi)	**zwemmen**	['zwɛmən]
negarse (vr)	**weigeren**	['wɛjxərən]
objetar (vt)	**weerspreken**	[wēr'sprekən]
observar (vt)	**waarnemen**	['wārnemən]
oír (vt)	**horen**	['hɔrən]
olvidar (vt)	**vergeten**	[vər'xetən]
orar (vi)	**bidden**	['bidən]
ordenar (mil.)	**bevelen**	[bə'velən]
pagar (vi, vt)	**betalen**	[bə'talən]
pararse (vr)	**stoppen**	['stɔpən]
participar (vi)	**deelnemen**	['dēlnemən]
pedir (ayuda, etc.)	**verzoeken**	[vər'zukən]
pedir (en restaurante)	**bestellen**	[bə'stɛlən]
pensar (vi, vt)	**denken**	['dɛnkən]
percibir (ver)	**opmerken**	['ɔpmɛrkən]
perdonar (vt)	**vergeven**	[vər'xevən]
permitir (vt)	**toestaan**	['tustān]
pertenecer a …	**toebehoren aan …**	['tubəhɔrən ān]
planear (vt)	**plannen**	['planən]
poder (v aux)	**kunnen**	['kʉnən]
poseer (vt)	**bezitten**	[bə'zitən]
preferir (vt)	**prefereren**	[prəfe'rerən]
preguntar (vt)	**vragen**	['vraxən]
preparar (la cena)	**bereiden**	[bə'rɛjdən]
prever (vt)	**voorzien**	[vōr'zin]
probar, tentar (vt)	**proberen**	[pro'berən]
prometer (vt)	**beloven**	[bə'lovən]
pronunciar (vt)	**uitspreken**	['œʏtsprekən]
proponer (vt)	**voorstellen**	['vōrstɛlən]
quebrar (vt)	**breken**	['brekən]

quejarse (vr)	klagen	['klaxən]
querer (amar)	liefhebben	['lifhɛbən]
querer (desear)	willen	['wilən]

16. Los verbos más importantes. Unidad 4

recomendar (vt)	aanbevelen	['āmbəvelən]
regañar, reprender (vt)	uitvaren tegen	['œʏtvarən 'texən]
reírse (vr)	lachen	['laxən]
repetir (vt)	herhalen	[hɛr'halən]
reservar (~ una mesa)	reserveren	[rezɛr'verən]
responder (vi, vt)	antwoorden	['antwõrdən]

robar (vt)	stelen	['stelən]
saber (~ algo mas)	weten	['wetən]
salir (vi)	uitgaan	['œʏtxān]
salvar (vt)	redden	['rɛdən]
seguir ...	volgen	['vɔlxən]
sentarse (vr)	gaan zitten	[xān 'zitən]

ser necesario	nodig zijn	['nɔdəx zɛjn]
ser, estar (vi)	zijn	[zɛjn]
significar (vt)	betekenen	[bə'tekənən]
sonreír (vi)	glimlachen	['xlimlahən]
sorprenderse (vr)	verbaasd zijn	[vər'bāst zɛjn]

subestimar (vt)	onderschatten	['ɔndər'sxatən]
tener (vt)	hebben	['hɛbən]
tener hambre	honger hebben	['hoŋər 'hɛbən]
tener miedo	bang zijn	['baŋ zɛjn]

tener prisa	zich haasten	[zix 'hāstən]
tener sed	dorst hebben	[dɔrst 'hɛbən]
tirar, disparar (vi)	schieten	['sxitən]
tocar (con las manos)	aanraken	['ānrakən]
tomar (vt)	nemen	['nemən]
tomar nota	opschrijven	['ɔpsxrɛjvən]

trabajar (vi)	werken	['wɛrkən]
traducir (vt)	vertalen	[vər'talən]
unir (vt)	verenigen	[və'rɛnixən]
vender (vt)	verkopen	[vɛr'kɔpən]
ver (vt)	zien	[zin]
volar (pájaro, avión)	vliegen	['vlixən]

LA HORA. EL CALENDARIO

17. Los días de la semana

lunes (m)	maandag (de)	['māndax]
martes (m)	dinsdag (de)	['dinsdax]
miércoles (m)	woensdag (de)	['wunsdax]
jueves (m)	donderdag (de)	['dɔndərdax]
viernes (m)	vrijdag (de)	['vrɛjdax]
sábado (m)	zaterdag (de)	['zatərdax]
domingo (m)	zondag (de)	['zɔndax]

hoy (adv)	vandaag	[van'dāx]
mañana (adv)	morgen	['mɔrxən]
pasado mañana	overmorgen	[ɔvər'mɔrxən]
ayer (adv)	gisteren	['xistərən]
anteayer (adv)	eergisteren	[ēr'xistərən]

día (m)	dag (de)	[dax]
día (m) de trabajo	werkdag (de)	['wɛrk·dax]
día (m) de fiesta	feestdag (de)	['fēst·dax]
día (m) de descanso	verlofdag (de)	[vər'lɔfdax]
fin (m) de semana	weekend (het)	['wikənt]

todo el día	de hele dag	[də 'helə dah]
al día siguiente	de volgende dag	[də 'vɔlxəndə dax]
dos días atrás	twee dagen geleden	[twē 'daxən xə'ledən]
en vísperas (adv)	aan de vooravond	[ān də vō'ravɔnt]
diario (adj)	dag-, dagelijks	[dax], ['daxələks]
cada día (adv)	elke dag	['ɛlkə dax]

semana (f)	week (de)	[wēk]
semana (f) pasada	vorige week	['vɔrixə wēk]
semana (f) que viene	volgende week	['vɔlxəndə wēk]
semanal (adj)	wekelijks	['wekələks]
cada semana (adv)	elke week	['ɛlkə wēk]
2 veces por semana	twee keer per week	[twē ker pər vēk]
todos los martes	elke dinsdag	['ɛlkə 'dinsdax]

18. Las horas. El día y la noche

mañana (f)	morgen (de)	['mɔrxən]
por la mañana	's morgens	[s 'mɔrxəns]
mediodía (m)	middag (de)	['midax]
por la tarde	's middags	[s 'midax]
noche (f)	avond (de)	['avɔnt]

por la noche	's avonds	[s 'avɔnts]
noche (f) (p.ej. 2:00 a.m.)	nacht (de)	[naxt]
por la noche	's nachts	[s naxts]
medianoche (f)	middernacht (de)	['midər·naxt]

segundo (m)	seconde (de)	[se'kɔndə]
minuto (m)	minuut (de)	[mi'nūt]
hora (f)	uur (het)	[ūr]
media hora (f)	halfuur (het)	[half 'ūr]
cuarto (m) de hora	kwartier (het)	['kwar'tir]
quince minutos	vijftien minuten	['vɛjftin mi'nʉtən]
veinticuatro horas	etmaal (het)	['ɛtmāl]

salida (f) del sol	zonsopgang (de)	[zɔns'ɔpxaŋ]
amanecer (m)	dageraad (de)	['daxərāt]
madrugada (f)	vroege morgen (de)	['vruxə 'mɔrxən]
puesta (f) del sol	zonsondergang (de)	[zɔns'ɔndərxaŋ]

de madrugada	's morgens vroeg	[s 'mɔrxəns vrux]
esta mañana	vanmorgen	[van'mɔrxən]
mañana por la mañana	morgenochtend	['mɔrxən·'ɔhtənt]

esta tarde	vanmiddag	[van'midax]
por la tarde	's middags	[s 'midax]
mañana por la tarde	morgenmiddag	['mɔrxən·'midax]

| esta noche (p.ej. 8:00 p.m.) | vanavond | [va'navɔnt] |
| mañana por la noche | morgenavond | ['mɔrxən·'avɔnt] |

a las tres en punto	klokslag drie uur	['klɔkslax dri ūr]
a eso de las cuatro	ongeveer vier uur	[ɔnxə'vēr vir ūr]
para las doce	tegen twaalf uur	['texən twālf ūr]

dentro de veinte minutos	over twintig minuten	['ɔvər 'twintix mi'nʉtən]
dentro de una hora	over een uur	['ɔvər en ūr]
a tiempo (adv)	op tijd	[ɔp tɛjt]

... menos cuarto	kwart voor ...	['kwart vōr]
durante una hora	binnen een uur	['binən en ūr]
cada quince minutos	elk kwartier	['ɛlk kwar'tir]
día y noche	de klok rond	[də klɔk rɔnt]

19. Los meses. Las estaciones

enero (m)	januari (de)	[janʉ'ari]
febrero (m)	februari (de)	[febrʉ'ari]
marzo (m)	maart (de)	[mārt]
abril (m)	april (de)	[ap'ril]
mayo (m)	mei (de)	[mɛj]

junio (m)	**juni (de)**	['juni]
julio (m)	**juli (de)**	['juli]
agosto (m)	**augustus (de)**	[au'xʉstʉs]
septiembre (m)	**september (de)**	[sɛp'tɛmbər]
octubre (m)	**oktober (de)**	[ɔk'tobər]
noviembre (m)	**november (de)**	[nɔ'vɛmbər]
diciembre (m)	**december (de)**	[de'sɛmbər]
primavera (f)	**lente (de)**	['lɛntə]
en primavera	**in de lente**	[in də 'lɛntə]
de primavera (adj)	**lente-**	['lɛntə]
verano (m)	**zomer (de)**	['zɔmər]
en verano	**in de zomer**	[in də 'zɔmər]
de verano (adj)	**zomer-, zomers**	['zɔmər], ['zɔmərs]
otoño (m)	**herfst (de)**	[hɛrfst]
en otoño	**in de herfst**	[in də hɛrfst]
de otoño (adj)	**herfst-**	[hɛrfst]
invierno (m)	**winter (de)**	['wintər]
en invierno	**in de winter**	[in də 'wintər]
de invierno (adj)	**winter-**	['wintər]
mes (m)	**maand (de)**	[mānt]
este mes	**deze maand**	['dezə mānt]
al mes siguiente	**volgende maand**	['vɔlxəndə mānt]
el mes pasado	**vorige maand**	['vɔrixə mānt]
hace un mes	**een maand geleden**	[en mānt xə'ledən]
dentro de un mes	**over een maand**	['ɔvər en mānt]
dentro de dos meses	**over twee maanden**	['ɔvər twē 'māndən]
todo el mes	**de hele maand**	[də 'helə mānt]
todo un mes	**een volle maand**	[en 'vɔlə mānt]
mensual (adj)	**maand-, maandelijks**	[mānt], ['māndələks]
mensualmente (adv)	**maandelijks**	['māndələks]
cada mes	**elke maand**	['ɛlkə mānt]
dos veces por mes	**twee keer per maand**	[twē ker per mānt]
año (m)	**jaar (het)**	[jār]
este año	**dit jaar**	[dit jār]
el próximo año	**volgend jaar**	['vɔlxənt jār]
el año pasado	**vorig jaar**	['vɔrəx jār]
hace un año	**een jaar geleden**	[en jār xə'ledən]
dentro de un año	**over een jaar**	['ɔvər en jār]
dentro de dos años	**over twee jaar**	['ɔvər twē jār]
todo el año	**het hele jaar**	[ət 'helə jār]
todo un año	**een vol jaar**	[en vɔl jār]
cada año	**elk jaar**	[ɛlk jār]
anual (adj)	**jaar-, jaarlijks**	[jār], ['jārləks]

| anualmente (adv) | **jaarlijks** | ['jārləks] |
| cuatro veces por año | **4 keer per jaar** | [vir kēr per 'jār] |

fecha (f) (la ~ de hoy es …)	**datum (de)**	['datʉm]
fecha (f) (~ de entrega)	**datum (de)**	['datʉm]
calendario (m)	**kalender (de)**	[ka'lɛndər]

medio año (m)	**een half jaar**	[en half jār]
seis meses	**zes maanden**	[zɛs 'māndən]
estación (f)	**seizoen (het)**	[sɛj'zun]
siglo (m)	**eeuw (de)**	[ēw]

EL VIAJE. EL HOTEL

T&P Books Publishing

turismo (m)	**toerisme (het)**	[tu'rismə]
turista (m)	**toerist (de)**	[tu'rist]
viaje (m)	**reis (de)**	[rɛjs]
aventura (f)	**avontuur (het)**	[avɔn'tūr]
viaje (m) (p.ej. ~ en coche)	**tocht (de)**	[tɔxt]
vacaciones (f pl)	**vakantie (de)**	[va'kantsi]
estar de vacaciones	**met vakantie zijn**	[mɛt va'kantsi zɛjn]
descanso (m)	**rust (de)**	[rʉst]
tren (m)	**trein (de)**	[trɛjn]
en tren	**met de trein**	[mɛt də trɛjn]
avión (m)	**vliegtuig (het)**	['vlixtœʏx]
en avión	**met het vliegtuig**	[mɛt ət 'vlixtœʏx]
en coche	**met de auto**	[mɛt də 'autɔ]
en barco	**per schip**	[pər sxip]
equipaje (m)	**bagage (de)**	[ba'xaʒə]
maleta (f)	**valies (de)**	[va'lis]
carrito (m) de equipaje	**bagagekarretje (het)**	[ba'xaʒə·'karɛtʃə]
pasaporte (m)	**paspoort (het)**	['paspōrt]
visado (m)	**visum (het)**	['vizʉm]
billete (m)	**kaartje (het)**	['kārtʃə]
billete (m) de avión	**vliegticket (het)**	['vlix·'tikət]
guía (f) (libro)	**reisgids (de)**	['rɛjs·xids]
mapa (m)	**kaart (de)**	[kārt]
área (f) (~ rural)	**gebied (het)**	[xə'bit]
lugar (m)	**plaats (de)**	[plāts]
exotismo (m)	**exotische bestemming (de)**	[ɛ'ksɔtise bɛ'stemiŋ]
exótico (adj)	**exotisch**	[ɛk'sɔtis]
asombroso (adj)	**verwonderlijk**	[vər'wɔndərlək]
grupo (m)	**groep (de)**	[xrup]
excursión (f)	**rondleiding (de)**	['rɔntlɛjdiŋ]
guía (m) (persona)	**gids (de)**	[xits]

hotel (m)	**hotel (het)**	[hɔ'tɛl]
motel (m)	**motel (het)**	[mɔ'tɛl]

de tres estrellas	3-sterren	[dri-'stɛrən]
de cinco estrellas	5-sterren	[vɛjf-'stɛrən]
hospedarse (vr)	overnachten	[ɔvər'naxtən]

habitación (f)	kamer (de)	['kamər]
habitación (f) individual	eenpersoonskamer (de)	[ēnpɛr'sōns·'kamər]
habitación (f) doble	tweepersoonskamer (de)	[twē·pɛr'sōns·'kamər]
reservar una habitación	een kamer reserveren	[en 'kamər rezər'verən]

media pensión (f)	halfpension (het)	[half·pɛn'ʃɔn]
pensión (f) completa	volpension (het)	['vɔl·pɛn'ʃɔn]

con baño	met badkamer	[mɛt 'batkamər]
con ducha	met douche	[mɛt 'duʃ]
televisión (f) satélite	satelliet-tv (de)	[satə'lit-te've]
climatizador (m)	airconditioner (de)	[ɛr·kɔn'diʃənər]
toalla (f)	handdoek (de)	['handuk]
llave (f)	sleutel (de)	['sløtəl]

administrador (m)	administrateur (de)	[atministra'tør]
camarera (f)	kamermeisje (het)	['kamər·'mɛjçə]
maletero (m)	piccolo (de)	['pikɔlɔ]
portero (m)	portier (de)	[pɔ'rtīr]

restaurante (m)	restaurant (het)	[rɛstɔ'rant]
bar (m)	bar (de)	[bar]
desayuno (m)	ontbijt (het)	[ɔn'bɛjt]
cena (f)	avondeten (het)	['avɔntetən]
buffet (m) libre	buffet (het)	[bʉ'fɛt]

vestíbulo (m)	hal (de)	[hal]
ascensor (m)	lift (de)	[lift]

NO MOLESTAR	NIET STOREN	[nit 'stɔrən]
PROHIBIDO FUMAR	VERBODEN TE ROKEN!	[vər'bɔdən tə 'rɔkən]

22. El turismo. La excursión

monumento (m)	monument (het)	[mɔnʉ'mɛnt]
fortaleza (f)	vesting (de)	['vɛstiŋ]
palacio (m)	paleis (het)	[pa'lɛjs]
castillo (m)	kasteel (het)	[kas'tēl]
torre (f)	toren (de)	['tɔrən]
mausoleo (m)	mausoleum (het)	[mauzɔ'leum]

arquitectura (f)	architectuur (de)	[arʃitək'tūr]
medieval (adj)	middeleeuws	['midəlēws]
antiguo (adj)	oud	['aut]
nacional (adj)	nationaal	[natsjɔ'nāl]
conocido (adj)	bekend	[bə'kɛnt]

turista (m)	**toerist (de)**	[tu'rist]
guía (m) (persona)	**gids (de)**	[xits]
excursión (f)	**rondleiding (de)**	['rɔntlɛjdiŋ]
mostrar (vt)	**tonen**	['tonən]
contar (una historia)	**vertellen**	[vər'tɛlən]
encontrar (hallar)	**vinden**	['vindən]
perderse (vr)	**verdwalen**	[vərd'walən]
plano (m) (~ de metro)	**plattegrond (de)**	['platə·xrɔnt]
mapa (m) (~ de la ciudad)	**plattegrond (de)**	['platə·xrɔnt]
recuerdo (m)	**souvenir (het)**	[suve'nir]
tienda (f) de regalos	**souvenirwinkel (de)**	[suve'nir·'winkəl]
hacer fotos	**foto's maken**	['fɔtɔs 'makən]
fotografiarse (vr)	**zich laten fotograferen**	[zih 'latən fɔtɔxra'ferən]

EL TRANSPORTE

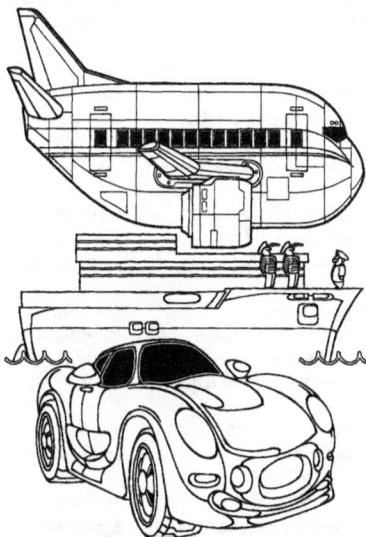

T&P Books Publishing

aeropuerto (m)	luchthaven (de)	['lʉxthavən]
avión (m)	vliegtuig (het)	['vlixtœɣx]
compañía (f) aérea	luchtvaart-maatschappij (de)	['lʉxtvārt mātsxa'pɛj]
controlador (m) aéreo	luchtverkeersleider (de)	['lʉxt·verkērs·'lɛjdər]

despegue (m)	vertrek (het)	[vər'trɛk]
llegada (f)	aankomst (de)	['ānkɔmst]
llegar (en avión)	aankomen	['ānkɔmən]

| hora (f) de salida | vertrektijd (de) | [vər'trɛk·tɛjt] |
| hora (f) de llegada | aankomstuur (het) | ['ānkɔmst·'ūr] |

| retrasarse (vr) | vertraagd zijn | [vər'trāxt zɛjn] |
| retraso (m) de vuelo | vluchtvertraging (de) | ['vlʉxt·vərt'raxiŋ] |

pantalla (f) de información	informatiebord (het)	[infɔr'matsi·bɔrt]
información (f)	informatie (de)	[infɔr'matsi]
anunciar (vt)	aankondigen	['ānkɔndəxən]
vuelo (m)	vlucht (de)	[vlʉxt]

| aduana (f) | douane (de) | [du'anə] |
| aduanero (m) | douanier (de) | [dua'njē] |

declaración (f) de aduana	douaneaangifte (de)	[du'anə·'ānxiftə]
rellenar (vt)	invullen	['invʉlən]
rellenar la declaración	een douaneaangifte invullen	[en du'anə·'ānxiftə 'invʉlən]
control (m) de pasaportes	paspoortcontrole (de)	['paspōrt·kɔn'trɔlə]

equipaje (m)	bagage (de)	[ba'xaʒə]
equipaje (m) de mano	handbagage (de)	[hant·ba'xaʒə]
carrito (m) de equipaje	bagagekarretje (het)	[ba'xaʒə·'karɛtʃə]

aterrizaje (m)	landing (de)	['landiŋ]
pista (f) de aterrizaje	landingsbaan (de)	['landiŋs·bān]
aterrizar (vi)	landen	['landən]
escaleras (f pl) (de avión)	vliegtuigtrap (de)	['vlixtœɣx·trap]

| facturación (f) (check-in) | inchecken (het) | ['intʃɛkən] |
| mostrador (m) de facturación | incheckbalie (de) | ['intʃɛk·'bali] |

| hacer el check-in | inchecken | ['intʃɛkən] |
| tarjeta (f) de embarque | instapkaart (de) | ['instap·kārt] |

puerta (f) de embarque	gate (de)	[gejt]
tránsito (m)	transit (de)	['transit]
esperar (aguardar)	wachten	['waxtən]
zona (f) de preembarque	wachtzaal (de)	['waxt·zāl]
despedir (vt)	begeleiden	[bəxə'lɛjdən]
despedirse (vr)	afscheid nemen	['afsxɛjt 'nemən]

24. El avión

avión (m)	vliegtuig (het)	['vlixtœɣx]
billete (m) de avión	vliegticket (het)	['vlix·'tikət]
compañía (f) aérea	luchtvaart-maatschappij (de)	['lʉxtvārt mātsxa'pɛj]
aeropuerto (m)	luchthaven (de)	['lʉxthavən]
supersónico (adj)	supersonisch	[sʉpər'sɔnis]

comandante (m)	gezagvoerder (de)	[xəzax·'vurdər]
tripulación (f)	bemanning (de)	[bə'maniŋ]
piloto (m)	piloot (de)	[pi'lōt]
azafata (f)	stewardess (de)	[stʉwər'dɛs]
navegador (m)	stuurman (de)	['stūrman]

alas (f pl)	vleugels	['vløxəls]
cola (f)	staart (de)	[stārt]
cabina (f)	cabine (de)	[ka'binə]
motor (m)	motor (de)	['mɔtɔr]
tren (m) de aterrizaje	landingsgestel (het)	['landiŋs·xə'stɛl]
turbina (f)	turbine (de)	[tʉr'binə]

hélice (f)	propeller (de)	[prɔ'pelər]
caja (f) negra	zwarte doos (de)	['zwartə dōs]
timón (m)	stuur (het)	[stūr]
combustible (m)	brandstof (de)	['brandstɔf]

instructivo (m) de seguridad	veiligheidskaart (de)	['vɛjləxhɛjts·kārt]
respirador (m) de oxígeno	zuurstofmasker (het)	['zūrstɔf·'maskər]
uniforme (m)	uniform (het)	['juniɔrm]
chaleco (m) salvavidas	reddingsvest (de)	['rɛdiŋs·vɛst]
paracaídas (m)	parachute (de)	[para'fʉtə]

despegue (m)	opstijgen (het)	['ɔpstɛjxən]
despegar (vi)	opstijgen	['ɔpstɛjxən]
pista (f) de despegue	startbaan (de)	['start·bān]

visibilidad (f)	zicht (het)	[zixt]
vuelo (m)	vlucht (de)	[vlʉxt]
altura (f)	hoogte (de)	['hōxtə]
pozo (m) de aire	luchtzak (de)	['lʉxt·zak]
asiento (m)	plaats (de)	[plāts]
auriculares (m pl)	koptelefoon (de)	['kɔp·telə'fōn]

mesita (f) plegable	tafeltje (het)	['tafɛltʃə]
ventana (f)	venster (het)	['vɛnstər]
pasillo (m)	gangpad (het)	['haŋpat]

25. El tren

tren (m)	trein (de)	[trɛjn]
tren (m) de cercanías	elektrische trein (de)	[ɛ'lɛktrisə trɛjn]
tren (m) rápido	sneltrein (de)	['snɛl·trɛjn]
locomotora (f) diésel	diesellocomotief (de)	['dizəl·lɔkɔmɔ'tif]
tren (m) de vapor	stoomlocomotief (de)	[stōm·lɔkɔmɔ'tif]
coche (m)	rijtuig (het)	['rɛjtœyx]
coche (m) restaurante	restauratierijtuig (het)	[rɛstɔ'ratsi·'rɛjtœyx]
rieles (m pl)	rails	['rɛjls]
ferrocarril (m)	spoorweg (de)	['spōr·wɛx]
traviesa (f)	dwarsligger (de)	['dwars·lixə]
plataforma (f)	perron (het)	[pɛ'rɔn]
vía (f)	spoor (het)	[spōr]
semáforo (m)	semafoor (de)	[səma'fōr]
estación (f)	halte (de)	['haltə]
maquinista (m)	machinist (de)	[maʃi'nist]
maletero (m)	kruier (de)	['krœyər]
mozo (m) del vagón	conducteur (de)	[kɔndʉk'tør]
pasajero (m)	passagier (de)	[pasa'xir]
revisor (m)	controleur (de)	[kɔntrɔ'lør]
corredor (m)	gang (de)	[xaŋ]
freno (m) de urgencia	noodrem (de)	['nōd·rɛm]
compartimiento (m)	coupé (de)	[ku'pɛ]
litera (f)	bed (het)	[bɛt]
litera (f) de arriba	bovenste bed (het)	['bɔvənstə bɛt]
litera (f) de abajo	onderste bed (het)	['ɔndərstə bɛt]
ropa (f) de cama	beddengoed (het)	['bɛdən·xut]
billete (m)	kaartje (het)	['kārtʃə]
horario (m)	dienstregeling (de)	[dinst·'rexəliŋ]
pantalla (f) de información	informatiebord (het)	[infɔr'matsi·bɔrt]
partir (vi)	vertrekken	[vər'trɛkən]
partida (f) (del tren)	vertrek (het)	[vər'trɛk]
llegar (tren)	aankomen	['ānkɔmən]
llegada (f)	aankomst (de)	['ānkɔmst]
llegar en tren	aankomen per trein	['ānkɔmən pɛr trɛjn]
tomar el tren	in de trein stappen	[in də 'trɛjn 'stapən]

bajar del tren	uit de trein stappen	['œyt də 'trɛjn 'stapən]
descarrilamiento (m)	treinwrak (het)	['trɛjn·wrak]
descarrilarse (vr)	ontspoord zijn	[ɔnt'spört zɛjn]
tren (m) de vapor	stoomlocomotief (de)	[stõm·lɔkɔmɔ'tif]
fogonero (m)	stoker (de)	['stɔkər]
hogar (m)	stookplaats (de)	['stõk·plãts]
carbón (m)	steenkool (de)	['stēn·kõl]

26. El barco

| barco, buque (m) | schip (het) | [sxip] |
| navío (m) | vaartuig (het) | ['vãrtœʏx] |

buque (m) de vapor	stoomboot (de)	['stõm·bõt]
motonave (f)	motorschip (het)	['mɔtɔr·sxip]
trasatlántico (m)	lijnschip (het)	['lɛjn·sxip]
crucero (m)	kruiser (de)	['krœʏsər]

yate (m)	jacht (het)	[jaxt]
remolcador (m)	sleepboot (de)	['slēp·bõt]
barcaza (f)	duwbak (de)	['dʉwbak]
ferry (m)	ferryboot (de)	['fɛri·bõt]

| velero (m) | zeilboot (de) | ['zɛjl·bõt] |
| bergantín (m) | brigantijn (de) | [brixan'tɛjn] |

| rompehielos (m) | ijsbreker (de) | ['ɛjs·brekər] |
| submarino (m) | duikboot (de) | ['dœʏk·bõt] |

bote (m) de remo	boot (de)	[bõt]
bote (m)	sloep (de)	[slup]
bote (m) salvavidas	reddingssloep (de)	['rɛdiŋs·slup]
lancha (f) motora	motorboot (de)	['mɔtɔr·bõt]

capitán (m)	kapitein (de)	[kapi'tɛjn]
marinero (m)	zeeman (de)	['zēman]
marino (m)	matroos (de)	[ma'trõs]
tripulación (f)	bemanning (de)	[bə'maniŋ]

contramaestre (m)	bootsman (de)	['bõtsman]
grumete (m)	scheepsjongen (de)	['sxēps·'jɔŋən]
cocinero (m) de abordo	kok (de)	[kɔk]
médico (m) del buque	scheepsarts (de)	['sxēps·arts]

cubierta (f)	dek (het)	[dɛk]
mástil (m)	mast (de)	[mast]
vela (f)	zeil (het)	[zɛjl]

| bodega (f) | ruim (het) | [rœʏm] |
| proa (f) | voorsteven (de) | ['võrstevən] |

popa (f)	achtersteven (de)	['axtər·stevən]
remo (m)	roeispaan (de)	['rujs·pān]
hélice (f)	schroef (de)	[sxruf]
camarote (m)	kajuit (de)	[kajœyt]
sala (f) de oficiales	officierskamer (de)	[ɔfi'sir·'kamər]
sala (f) de máquinas	machinekamer (de)	[ma'ʃinə·'kamər]
puente (m) de mando	brug (de)	[brʉx]
sala (f) de radio	radiokamer (de)	['radiɔ·'kamər]
onda (f)	radiogolf (de)	['radiɔ·xɔlf]
cuaderno (m) de bitácora	logboek (het)	['lɔxbuk]
anteojo (m)	verrekijker (de)	['vɛrəkɛjkər]
campana (f)	klok (de)	[klɔk]
bandera (f)	vlag (de)	[vlax]
cabo (m) (maroma)	kabel (de)	['kabəl]
nudo (m)	knoop (de)	[knōp]
pasamano (m)	leuning (de)	['løniŋ]
pasarela (f)	trap (de)	[trap]
ancla (f)	anker (het)	['ankər]
levar ancla	het anker lichten	[ət 'ankər 'lixtən]
echar ancla	het anker neerlaten	[ət 'ankər 'nērlatən]
cadena (f) del ancla	ankerketting (de)	['ankər·'ketiŋ]
puerto (m)	haven (de)	['havən]
embarcadero (m)	kaai (de)	[kāj]
amarrar (vt)	aanleggen	['ānlexən]
desamarrar (vt)	wegvaren	['wɛxvarən]
viaje (m)	reis (de)	[rɛjs]
crucero (m) (viaje)	cruise (de)	[krus]
derrota (f) (rumbo)	koers (de)	[kurs]
itinerario (m)	route (de)	['rutə]
canal (m) navegable	vaarwater (het)	['vār·watər]
bajío (m)	zandbank (de)	['zant·bank]
encallar (vi)	stranden	['strandən]
tempestad (f)	storm (de)	[stɔrm]
señal (f)	signaal (het)	[si'njāl]
hundirse (vr)	zinken	['zinkən]
¡Hombre al agua!	Man overboord!	[man ɔvər'bōrt]
SOS	SOS	[ɛs ɔ ɛs]
aro (m) salvavidas	reddingsboei (de)	['rɛdiŋs·bui]

LA CIUDAD

T&P Books Publishing

autobús (m)	bus, autobus (de)	[bʉs], ['autɔbʉs]
tranvía (m)	tram (de)	[trɛm]
trolebús (m)	trolleybus (de)	['trɔlibʉs]
itinerario (m)	route (de)	['rutə]
número (m)	nummer (het)	['nʉmər]

ir en ...	rijden met ...	['rɛjdən mɛt]
tomar (~ el autobús)	stappen	['stapən]
bajar (~ del tren)	afstappen	['afstapən]

parada (f)	halte (de)	['haltə]
próxima parada (f)	volgende halte (de)	['vɔlxəndə 'haltə]
parada (f) final	eindpunt (het)	['ɛjnt·pʉnt]
horario (m)	dienstregeling (de)	[dinst·'rɛxəliŋ]
esperar (aguardar)	wachten	['waxtən]

| billete (m) | kaartje (het) | ['kārtʃə] |
| precio (m) del billete | reiskosten (de) | ['rɛjs·kɔstən] |

cajero (m)	kassier (de)	[ka'sir]
control (m) de billetes	kaartcontrole (de)	['kārt·kɔn'trɔlə]
revisor (m)	controleur (de)	[kɔntrɔ'lør]

llegar tarde (vi)	te laat zijn	[tə 'lāt zɛjn]
perder (~ el tren)	missen (de bus ~)	['misən]
tener prisa	zich haasten	[zix 'hāstən]

taxi (m)	taxi (de)	['taksi]
taxista (m)	taxichauffeur (de)	['taksi·ʃo'før]
en taxi	met de taxi	[mɛt də 'taksi]
parada (f) de taxi	taxistandplaats (de)	['taksi·'stant·plāts]
llamar un taxi	een taxi bestellen	[en 'taksi bə'stɛlən]
tomar un taxi	een taxi nemen	[en 'taksi 'nemən]

tráfico (m)	verkeer (het)	[vər'kēr]
atasco (m)	file (de)	['filə]
horas (f pl) de punta	spitsuur (het)	['spits·ūr]
aparcar (vi)	parkeren	[par'kerən]
aparcar (vt)	parkeren	[par'kerən]
aparcamiento (m)	parking (de)	['parkiŋ]

metro (m)	metro (de)	['metrɔ]
estación (f)	halte (de)	['haltə]
ir en el metro	de metro nemen	[də 'metrɔ 'nemən]

| tren (m) | trein (de) | [trɛjn] |
| estación (f) | station (het) | [sta'tsjɔn] |

28. La ciudad. La vida en la ciudad

ciudad (f)	stad (de)	[stat]
capital (f)	hoofdstad (de)	['hõft·stat]
aldea (f)	dorp (het)	[dɔrp]

plano (m) de la ciudad	plattegrond (de)	['platə·xrɔnt]
centro (m) de la ciudad	centrum (het)	['sɛntrʉm]
suburbio (m)	voorstad (de)	['võrstat]
suburbano (adj)	voorstads-	['võrstats]

arrabal (m)	randgemeente (de)	['rant·xəmẽntə]
afueras (f pl)	omgeving (de)	[ɔm'xeviŋ]
barrio (m)	blok (het)	[blɔk]
zona (f) de viviendas	woonwijk (de)	['wõnvɛjk]

tráfico (m)	verkeer (het)	[vər'kẽr]
semáforo (m)	verkeerslicht (het)	[vər'kẽrs·lixt]
transporte (m) urbano	openbaar vervoer (het)	[ɔpən'bãr vər'vur]
cruce (m)	kruispunt (het)	['krœys·pynt]

paso (m) de peatones	zebrapad (het)	['zɛbra·pat]
paso (m) subterráneo	onderdoorgang (de)	['ɔndər·'dõrxaŋ]
cruzar (vt)	oversteken	[ɔvər'stekən]
peatón (m)	voetganger (de)	['vutxaŋər]
acera (f)	trottoir (het)	[trɔtu'ar]

puente (m)	brug (de)	[brʉx]
muelle (m)	dijk (de)	[dɛjk]
fuente (f)	fontein (de)	[fɔn'tɛjn]

alameda (f)	allee (de)	[a'lẽ]
parque (m)	park (het)	[park]
bulevar (m)	boulevard (de)	[bulə'var]
plaza (f)	plein (het)	[plɛjn]
avenida (f)	laan (de)	[lãn]
calle (f)	straat (de)	[strãt]
callejón (m)	zijstraat (de)	['zɛj·strãt]
callejón (m) sin salida	doodlopende straat (de)	[dõd'lɔpəndə strãt]

casa (f)	huis (het)	['hœys]
edificio (m)	gebouw (het)	[xə'bau]
rascacielos (m)	wolkenkrabber (de)	['wɔlkən·'krabər]

fachada (f)	gevel (de)	['xevəl]
techo (m)	dak (het)	[dak]
ventana (f)	venster (het)	['vɛnstər]

arco (m)	boog (de)	[bōx]
columna (f)	pilaar (de)	[pi'lār]
esquina (f)	hoek (de)	[huk]

escaparate (f)	vitrine (de)	[vit'rinə]
letrero (m) (~ luminoso)	gevelreclame (de)	['xevəl·re'klamə]
cartel (m)	affiche (de/het)	[a'fiʃə]
cartel (m) publicitario	reclameposter (de)	[re'klamə·'pɔstər]
valla (f) publicitaria	aanplakbord (het)	['ānplak·'bɔrt]

basura (f)	vuilnis (de/het)	['vœʏlnis]
cajón (m) de basura	vuilnisbak (de)	['vœʏlnis·bak]
tirar basura	afval weggooien	['afval 'wɛxōjən]
basurero (m)	stortplaats (de)	['stɔrt·plāts]

cabina (f) telefónica	telefooncel (de)	[telə'fōn·səl]
farola (f)	straatlicht (het)	['strāt·lixt]
banco (m) (del parque)	bank (de)	[bank]

policía (m)	politieagent (de)	[pɔ'litsi·a'xɛnt]
policía (f) (~ nacional)	politie (de)	[pɔ'litsi]
mendigo (m)	zwerver (de)	['zwɛrvər]
persona (f) sin hogar	dakloze (de)	[dak'lozə]

29. Las instituciones urbanas

tienda (f)	winkel (de)	['winkəl]
farmacia (f)	apotheek (de)	[apɔ'tēk]
óptica (f)	optiek (de)	[ɔp'tik]
centro (m) comercial	winkelcentrum (het)	['winkəl·'sɛntrʉm]
supermercado (m)	supermarkt (de)	['sʉpərmarkt]

panadería (f)	bakkerij (de)	['bakərɛj]
panadero (m)	bakker (de)	['bakər]
pastelería (f)	banketbakkerij (de)	[ban'ket·bakə'rɛj]
tienda (f) de comestibles	kruidenier (de)	[krœʏdə'nir]
carnicería (f)	slagerij (de)	[slaxə'rɛj]

verdulería (f)	groentewinkel (de)	['xruntə·'winkəl]
mercado (m)	markt (de)	[markt]

cafetería (f)	koffiehuis (het)	['kɔfi·hœʏs]
restaurante (m)	restaurant (het)	[rɛstɔ'rant]
cervecería (f)	bar (de)	[bar]
pizzería (f)	pizzeria (de)	[pitsə'rija]

peluquería (f)	kapperssalon (de/het)	['kapərs·sa'lɔn]
oficina (f) de correos	postkantoor (het)	[pɔst·kan'tōr]
tintorería (f)	stomerij (de)	[stɔmɛ'rɛj]
estudio (m) fotográfico	fotostudio (de)	[foto·'stʉdiɔ]

zapatería (f)	schoenwinkel (de)	['sxun·'winkəl]
librería (f)	boekhandel (de)	['bukən·'handəl]
tienda (f) deportiva	sportwinkel (de)	['spɔrt·'winkəl]

arreglos (m pl) de ropa	kledingreparatie (de)	['kledɪŋ·repa'ratsi]
alquiler (m) de ropa	kledingverhuur (de)	['kledɪŋ·vər'hūr]
videoclub (m)	videotheek (de)	[video'tēk]

circo (m)	circus (de/het)	['sɪrkʉs]
zoológico (m)	dierentuin (de)	['dīrən·tœʏn]
cine (m)	bioscoop (de)	[bio'skōp]
museo (m)	museum (het)	[mʉ'zejum]
biblioteca (f)	bibliotheek (de)	[biblio'tēk]

teatro (m)	theater (het)	[te'atər]
ópera (f)	opera (de)	['ɔpəra]
club (m) nocturno	nachtclub (de)	['naxt·klʉp]
casino (m)	casino (het)	[ka'sinɔ]

mezquita (f)	moskee (de)	[mɔs'kē]
sinagoga (f)	synagoge (de)	[sina'xɔxə]
catedral (f)	kathedraal (de)	[kate'drāl]
templo (m)	tempel (de)	['tɛmpəl]
iglesia (f)	kerk (de)	[kɛrk]

instituto (m)	instituut (het)	[insti'tūt]
universidad (f)	universiteit (de)	[junɪvɛrsi'tɛjt]
escuela (f)	school (de)	[sxōl]

prefectura (f)	gemeentehuis (het)	[xə'mēntə·hœʏs]
alcaldía (f)	stadhuis (het)	['stat·hœʏs]
hotel (m)	hotel (het)	[hɔ'tɛl]
banco (m)	bank (de)	[bank]

embajada (f)	ambassade (de)	[amba'sadə]
agencia (f) de viajes	reisbureau (het)	[rɛjs·bʉ'rɔ]
oficina (f) de información	informatieloket (het)	[infɔr'matsi·lɔ'kɛt]
oficina (f) de cambio	wisselkantoor (het)	['wisəl·kan'tōr]

| metro (m) | metro (de) | ['metrɔ] |
| hospital (m) | ziekenhuis (het) | ['zikən·hœʏs] |

| gasolinera (f) | benzinestation (het) | [bɛn'zinə·sta'tsjɔn] |
| aparcamiento (m) | parking (de) | ['parkiŋ] |

30. Los avisos

letrero (m) (≈ luminoso)	gevelreclame (de)	['xevəl·re'klamə]
cartel (m) (texto escrito)	opschrift (het)	['ɔpsxrift]
pancarta (f)	poster (de)	['pɔstər]

señal (m) de dirección	**wegwijzer (de)**	['wɛx·wɛjzər]
flecha (f) (signo)	**pijl (de)**	[pɛjl]
advertencia (f)	**waarschuwing (de)**	['wārsxjuviŋ]
aviso (m)	**waarschuwings-**	['wārsxjuviŋs
	bord (het)	bɔrt]
advertir (vt)	**waarschuwen**	['wārsxjuvən]
día (m) de descanso	**vrije dag (de)**	['vrɛjə dax]
horario (m)	**dienstregeling (de)**	[dinst·'rexəliŋ]
horario (m) de apertura	**openingsuren**	['ɔpəniŋs·ʉrən]
¡BIENVENIDOS!	**WELKOM!**	['wɛlkɔm]
ENTRADA	**INGANG**	['inxaŋ]
SALIDA	**UITGANG**	['œʏtxaŋ]
EMPUJAR	**DUWEN**	['dʉwən]
TIRAR	**TREKKEN**	['trɛkən]
ABIERTO	**OPEN**	['ɔpən]
CERRADO	**GESLOTEN**	[xə'slotən]
MUJERES	**DAMES**	['daməs]
HOMBRES	**HEREN**	['herən]
REBAJAS	**KORTING**	['kɔrtiŋ]
SALDOS	**UITVERKOOP**	['œʏtverkōp]
NOVEDAD	**NIEUW!**	[niu]
GRATIS	**GRATIS**	['xratis]
¡ATENCIÓN!	**PAS OP!**	[pas 'ɔp]
COMPLETO	**VOLGEBOEKT**	['vɔlxəbukt]
RESERVADO	**GERESERVEERD**	[xərezər'vērt]
ADMINISTRACIÓN	**ADMINISTRATIE**	[atminist'ratsi]
SÓLO PERSONAL	**ALLEEN**	[a'lēn
AUTORIZADO	**VOOR PERSONEEL**	vōr persɔ'nēl]
CUIDADO	**GEVAARLIJKE HOND**	[xe'vārləkə hɔnt]
CON EL PERRO		
PROHIBIDO FUMAR	**VERBODEN TE ROKEN!**	[vər'bɔdən tə 'rɔkən]
NO TOCAR	**NIET AANRAKEN!**	[nit ān'rakən]
PELIGROSO	**GEVAARLIJK**	[xe'vārlək]
PELIGRO	**GEVAAR**	[xe'vār]
ALTA TENSIÓN	**HOOGSPANNING**	[hōh·'spaniŋ]
PROHIBIDO BAÑARSE	**VERBODEN**	[vər'bɔdən
	TE ZWEMMEN	tə 'zwɛmən]
NO FUNCIONA	**BUITEN GEBRUIK**	['bœʏtən xəbrœʏk]
INFLAMABLE	**ONTVLAMBAAR**	[ɔnt'flambār]
PROHIBIDO	**VERBODEN**	[vər'bɔdən]
PROHIBIDO EL PASO	**DOORGANG VERBODEN**	['dōrxaŋ vər'bɔdən]

| RECIÉN PINTADO | OPGELET | [ɔpxe'lɛt] |
| | PAS GEVERFD | pas xə'verft] |

31. Las compras

comprar (vt)	kopen	['kɔpən]
compra (f)	aankoop (de)	['ānkɔp]
hacer compras	winkelen	['winkelən]
compras (f pl)	winkelen (het)	['winkelən]

| estar abierto (tienda) | open zijn | ['ɔpən zɛjn] |
| estar cerrado | gesloten zijn | [xə'slɔtən zɛjn] |

calzado (m)	schoeisel (het)	['sxuisəl]
ropa (f)	kleren (mv.)	['klerən]
cosméticos (m pl)	cosmetica (mv.)	[kɔs'metika]
productos alimenticios	voedingswaren	['vudiŋs·warən]
regalo (m)	geschenk (het)	[xə'sxɛnk]

| vendedor (m) | verkoper (de) | [vər'kɔpər] |
| vendedora (f) | verkoopster (de) | [vər'kõpstər] |

caja (f)	kassa (de)	['kasa]
espejo (m)	spiegel (de)	['spixəl]
mostrador (m)	toonbank (de)	['tõn·bank]
probador (m)	paskamer (de)	['pas·kamər]

probar (un vestido)	aanpassen	['ānpasən]
quedar (una ropa, etc.)	passen	['pasən]
gustar (vi)	bevallen	[bə'valən]

precio (m)	prijs (de)	[prɛjs]
etiqueta (f) de precio	prijskaartje (het)	['prɛjs·'kārtʃə]
costar (vt)	kosten	['kɔstən]
¿Cuánto?	Hoeveel?	[hu'vēl]
descuento (m)	korting (de)	['kɔrtiŋ]

no costoso (adj)	niet duur	[nit dūr]
barato (adj)	goedkoop	[xut'kõp]
caro (adj)	duur	[dūr]
Es caro	Dat is duur.	[dat is 'dūr]

alquiler (m)	verhuur (de)	[vər'hūr]
alquilar (vt)	huren	['hʉrən]
crédito (m)	krediet (het)	[kre'dit]
a crédito (adv)	op krediet	[ɔp kre'dit]

LA ROPA Y
LOS ACCESORIOS

T&P Books Publishing

32. La ropa exterior. Los abrigos

ropa (f)	kleren (mv.)	['klerən]
ropa (f) de calle	bovenkleding (de)	['bovən·'klediŋ]
ropa (f) de invierno	winterkleding (de)	['wintər·'klediŋ]
abrigo (m)	jas (de)	[jas]
abrigo (m) de piel	bontjas (de)	[bɔnt jas]
abrigo (m) corto de piel	bontjasje (het)	[bɔnt 'jaɕə]
chaqueta (f) plumón	donzen jas (de)	['dɔnzən jas]
cazadora (f)	jasje (het)	['jaɕə]
impermeable (m)	regenjas (de)	['rexən jas]
impermeable (adj)	waterdicht	['watərdixt]

33. Ropa de hombre y mujer

camisa (f)	overhemd (het)	['ɔvərhɛmt]
pantalones (m pl)	broek (de)	[bruk]
jeans, vaqueros (m pl)	jeans (de)	[dʒins]
chaqueta (f), saco (m)	colbert (de)	['kɔlbər]
traje (m)	kostuum (het)	[kɔs'tūm]
vestido (m)	jurk (de)	[jurk]
falda (f)	rok (de)	[rɔk]
blusa (f)	blouse (de)	['blus]
rebeca (f),	wollen vest (de)	['wɔlən vɛst]
chaqueta (f) de punto		
chaqueta (f)	blazer (de)	['blezər]
camiseta (f) (T-shirt)	T-shirt (het)	['tiʃøt]
pantalones (m pl) cortos	shorts	[ʃɔrts]
traje (m) deportivo	trainingspak (het)	['trɛjniŋs·pak]
bata (f) de baño	badjas (de)	['batjas]
pijama (m)	pyjama (de)	[pi'jama]
suéter (m)	sweater (de)	['swetər]
pulóver (m)	pullover (de)	[pʉ'lɔvər]
chaleco (m)	gilet (het)	[ʒi'lɛt]
frac (m)	rokkostuum (het)	[rɔk·kɔs'tūm]
esmoquin (m)	smoking (de)	['smɔkiŋ]
uniforme (m)	uniform (het)	['junifɔrm]
ropa (f) de trabajo	werkkleding (de)	['wɛrk·'klediŋ]

| mono (m) | overall (de) | [ɔvə'ral] |
| bata (f) (p. ej. ~ blanca) | doktersjas (de) | ['dɔktərs jas] |

34. La ropa. La ropa interior

ropa (f) interior	ondergoed (het)	['ɔndərxut]
bóxer (m)	herenslip (de)	['herən·slip]
bragas (f pl)	slipjes	['slipjes]
camiseta (f) interior	onderhemd (het)	['ɔndərhɛmt]
calcetines (m pl)	sokken	['sɔkən]
camisón (m)	nachthemd (het)	['naxthɛmt]
sostén (m)	beha (de)	[be'ha]
calcetines (m pl) altos	kniekousen	[kni·'kausən]
pantimedias (f pl)	panty (de)	['pɛnti]
medias (f pl)	nylonkousen	['nɛjlɔn·'kausən]
traje (m) de baño	badpak (het)	['bad·pak]

35. Gorras

gorro (m)	hoed (de)	[hut]
sombrero (m) de fieltro	deukhoed (de)	['døkhut]
gorra (f) de béisbol	honkbalpet (de)	['hɔnkbal·'pɛt]
gorra (f) plana	kleppet (de)	['klɛpɛt]
boina (f)	baret (de)	[ba'rɛt]
capuchón (m)	kap (de)	[kap]
panamá (m)	panamahoed (de)	[pa'nama·hut]
gorro (m) de punto	gebreide muts (de)	[xəb'rɛjdə muts]
pañuelo (m)	hoofddoek (de)	['hõftduk]
sombrero (m) de mujer	dameshoed (de)	['damǝs·hut]
casco (m) (~ protector)	veiligheidshelm (de)	['vɛjləxhɛjts·hɛlm]
gorro (m) de campaña	veldmuts (de)	['vɛlt·muts]
casco (m) (~ de moto)	helm, valhelm (de)	[hɛlm], ['valhɛlm]
bombín (m)	bolhoed (de)	['bɔlhut]
sombrero (m) de copa	hoge hoed (de)	['hɔxə hut]

36. El calzado

calzado (m)	schoeisel (het)	['sxuisǝl]
botas (f pl)	schoenen	['sxunǝn]
zapatos (m pl)	vrouwenschoenen	['vrauwǝn·'sxunǝn]
(~ de tacón bajo)		

| botas (f pl) altas | laarzen | ['lārzən] |
| zapatillas (f pl) | pantoffels | [pan'tɔfəls] |

tenis (m pl)	sportschoenen	['spɔrt·'sxunən]
zapatillas (f pl) de lona	sneakers	['snikərs]
sandalias (f pl)	sandalen	[san'dalən]

zapatero (m)	schoenlapper (de)	['sxun·'lapər]
tacón (m)	hiel (de)	[hil]
par (m)	paar (het)	[pār]

cordón (m)	veter (de)	['vetər]
encordonar (vt)	rijgen	['rɛjxən]
calzador (m)	schoenlepel (de)	['sxun·'lepəl]
betún (m)	schoensmeer (de/het)	['sxun·smēr]

37. Accesorios personales

guantes (m pl)	handschoenen	['xand 'sxunən]
manoplas (f pl)	wanten	['wantən]
bufanda (f)	sjaal (de)	[çāl]

gafas (f pl)	bril (de)	[bril]
montura (f)	brilmontuur (het)	[bril·mɔn'tūr]
paraguas (m)	paraplu (de)	[parap'lʉ]
bastón (m)	wandelstok (de)	['wandəl·stɔk]
cepillo (m) de pelo	haarborstel (de)	[hār·'bɔrstəl]
abanico (m)	waaier (de)	['wājər]

corbata (f)	das (de)	[das]
pajarita (f)	strikje (het)	['strikjə]
tirantes (m pl)	bretels	[brə'tɛls]
moquero (m)	zakdoek (de)	['zagduk]

peine (m)	kam (de)	[kam]
pasador (m) de pelo	haarspeldje (het)	[hār·'spɛldjə]
horquilla (f)	schuifspeldje (het)	['sxœʏf·'spɛldjə]
hebilla (f)	gesp (de)	[xɛsp]
cinturón (m)	broekriem (de)	['bruk·rim]
correa (f) (de bolso)	draagriem (de)	['drāx·rim]
bolsa (f)	handtas (de)	['hand·tas]
bolso (m)	damestas (de)	['daməs·tas]
mochila (f)	rugzak (de)	['rʉxzak]

38. La ropa. Miscelánea

| moda (f) | mode (de) | ['mɔdə] |
| de moda (adj) | de mode | [də 'mɔdə] |

diseñador (m) de moda	kledingstilist (de)	['kledɪŋ·sti'list]
cuello (m)	kraag (de)	[krãx]
bolsillo (m)	zak (de)	[zak]
de bolsillo (adj)	zak-	[zak]
manga (f)	mouw (de)	['mau]
presilla (f)	lusje (het)	['lʉɕə]
bragueta (f)	gulp (de)	[xjulp]
cremallera (f)	rits (de)	[rits]
cierre (m)	sluiting (de)	['slœʏtɪŋ]
botón (m)	knoop (de)	[knõp]
ojal (m)	knoopsgat (het)	['knõps·xat]
saltar (un botón)	losraken	[lɔs'rakən]
coser (vi, vt)	naaien	['nãjən]
bordar (vt)	borduren	[bɔr'dʉrən]
bordado (m)	borduursel (het)	[bɔr'dũrsəl]
aguja (f)	naald (de)	[nãlt]
hilo (m)	draad (de)	[drãt]
costura (f)	naad (de)	[nãt]
ensuciarse (vr)	vies worden	[vis 'wɔrdən]
mancha (f)	vlek (de)	[vlɛk]
arrugarse (vr)	gekreukt raken	[xə'krøkt 'rakən]
rasgar (vt)	scheuren	['sxørən]
polilla (f)	mot (de)	[mɔt]

39. Productos personales. Cosméticos

pasta (f) de dientes	tandpasta (de)	['tand·pasta]
cepillo (m) de dientes	tandenborstel (de)	['tandən·'bɔrstəl]
limpiarse los dientes	tanden poetsen	['tandən 'putsən]
maquinilla (f) de afeitar	scheermes (het)	['sxēr·mɛs]
crema (f) de afeitar	scheerschuim (het)	[sxēr·sxœʏm]
afeitarse (vr)	zich scheren	[zix 'sxerən]
jabón (m)	zeep (de)	[zēp]
champú (m)	shampoo (de)	['ʃʌmpõ]
tijeras (f pl)	schaar (de)	[sxãr]
lima (f) de uñas	nagelvijl (de)	['naxəl·vɛjl]
cortaúñas (m pl)	nagelknipper (de)	['naxəl·'knipər]
pinzas (f pl)	pincet (het)	[pin'sɛt]
cosméticos (m pl)	cosmetica (mv.)	[kɔs'metika]
mascarilla (f)	masker (het)	['maskər]
manicura (f)	manicure (de)	[mani'kʉrə]
hacer la manicura	manicure doen	[mani'kʉrə dun]
pedicura (f)	pedicure (de)	[pedi'kʉrə]

bolsa (f) de maquillaje	cosmetica tasje (het)	[kɔs'metika 'taçə]
polvos (m pl)	poeder (de/het)	['pudər]
polvera (f)	poederdoos (de)	['pudər·dōs]
colorete (m), rubor (m)	rouge (de)	['ruʒə]

perfume (m)	parfum (de/het)	[par'fʉm]
agua (f) de tocador	eau de toilet (de)	[ɔ də tua'lɛt]
loción (f)	lotion (de)	[lɔt'ʃɔn]
agua (f) de Colonia	eau de cologne (de)	[ɔ də kɔ'lɔnjə]

sombra (f) de ojos	oogschaduw (de)	['ōx·sxadʉw]
lápiz (m) de ojos	oogpotlood (het)	['ōx·'potlɔt]
rímel (m)	mascara (de)	[mas'kara]

pintalabios (m)	lippenstift (de)	['lipən·stift]
esmalte (m) de uñas	nagellak (de)	['naxəl·lak]
fijador (m) para el pelo	haarlak (de)	['hār·lak]
desodorante (m)	deodorant (de)	[deɔdo'rant]

crema (f)	crème (de)	[krɛ:m]
crema (f) de belleza	gezichtscrème (de)	[xə'zihts·krɛ:m]
crema (f) de manos	handcrème (de)	[hant·krɛ:m]
crema (f) antiarrugas	antirimpelcrème (de)	[anti'rimpəl·krɛ:m]
crema (f) de día	dagcrème (de)	['dax·krɛ:m]
crema (f) de noche	nachtcrème (de)	['naxt·krɛ:m]
de día (adj)	dag-	[dax]
de noche (adj)	nacht-	[naxt]

tampón (m)	tampon (de)	[tam'pɔn]
papel (m) higiénico	toiletpapier (het)	[tua'lɛt·pa'pir]
secador (m) de pelo	föhn (de)	['føn]

40. Los relojes

reloj (m)	polshorloge (het)	['pɔls·hɔr'lɔʒə]
esfera (f)	wijzerplaat (de)	['wɛjzər·plāt]
aguja (f)	wijzer (de)	['wɛjzər]
pulsera (f)	metalen horlogeband (de)	[me'talən hɔr'lɔʒə·bant]
correa (f) (del reloj)	horlogebandje (het)	[hɔr'lɔʒə·'bandjə]

pila (f)	batterij (de)	[batə'rɛj]
descargarse (vr)	leeg zijn	[lēx zɛjn]
cambiar la pila	batterij vervangen	[batə'rɛj vər'vaŋən]
adelantarse (vr)	voorlopen	['vōrlɔpən]
retrasarse (vr)	achterlopen	['axtərlɔpən]

reloj (m) de pared	wandklok (de)	['want·klɔk]
reloj (m) de arena	zandloper (de)	['zant·lɔpər]
reloj (m) de sol	zonnewijzer (de)	['zɔnə·wɛjzər]

despertador (m)	**wekker (de)**	['wɛkər]
relojero (m)	**horlogemaker (de)**	[hɔr'lɔʒə·'makər]
reparar (vt)	**repareren**	[repa'rerən]

T&P BOOKS

LA EXPERIENCIA DIARIA

T&P Books Publishing

dinero (m)	geld (het)	[xɛlt]
cambio (m)	ruil (de)	[rœyl]
curso (m)	koers (de)	[kurs]
cajero (m) automático	geldautomaat (de)	[xɛlt·autoˈmāt]
moneda (f)	muntstuk (de)	[ˈmʉntstʉk]
dólar (m)	dollar (de)	[ˈdɔlar]
euro (m)	euro (de)	[ørɔ]
lira (f)	lire (de)	[ˈlirə]
marco (m) alemán	Duitse mark (de)	[ˈdœytsə mark]
franco (m)	frank (de)	[frank]
libra esterlina (f)	pond sterling (het)	[pɔnt ˈstɛrliŋ]
yen (m)	yen (de)	[jen]
deuda (f)	schuld (de)	[sxʉlt]
deudor (m)	schuldenaar (de)	[ˈsxʉldənār]
prestar (vt)	uitlenen	[ˈœytlənən]
tomar prestado	lenen	[ˈlenən]
banco (m)	bank (de)	[bank]
cuenta (f)	bankrekening (de)	[bank·ˈrekəniŋ]
ingresar (~ en la cuenta)	storten	[ˈstɔrtən]
ingresar en la cuenta	op rekening storten	[ɔp ˈrekəniŋ ˈstɔrtən]
sacar de la cuenta	opnemen	[ˈɔpnemən]
tarjeta (f) de crédito	kredietkaart (de)	[kreˈdit·kārt]
dinero (m) en efectivo	baar geld (het)	[bār ˈxɛlt]
cheque (m)	cheque (de)	[ʃɛk]
sacar un cheque	een cheque uitschrijven	[en ʃɛk œytˈsxrɛjvən]
talonario (m)	chequeboekje (het)	[ʃɛk·ˈbukjə]
cartera (f)	portefeuille (de)	[pɔrtəˈfœyə]
monedero (m)	geldbeugel (de)	[xɛlt·ˈbøxəl]
caja (f) fuerte	safe (de)	[sef]
heredero (m)	erfgenaam (de)	[ˈɛrfxənām]
herencia (f)	erfenis (de)	[ˈɛrfənis]
fortuna (f)	fortuin (het)	[fɔrˈtœyn]
arriendo (m)	huur (de)	[hūr]
alquiler (m) (dinero)	huurprijs (de)	[ˈhūr·prɛjs]
alquilar (~ una casa)	huren	[ˈhʉrən]
precio (m)	prijs (de)	[prɛjs]

coste (m)	**kostprijs (de)**	['kɔstprɛjs]
suma (f)	**som (de)**	[sɔm]
gastar (vt)	**uitgeven**	['œʏtxevən]
gastos (m pl)	**kosten**	['kɔstən]
economizar (vi, vt)	**bezuinigen**	[bə'zœʏnəxən]
económico (adj)	**zuinig**	['zœʏnəx]
pagar (vi, vt)	**betalen**	[bə'talən]
pago (m)	**betaling (de)**	[bə'taliŋ]
cambio (m) (devolver el ~)	**wisselgeld (het)**	['wisəl·xɛlt]
impuesto (m)	**belasting (de)**	[bə'lastiŋ]
multa (f)	**boete (de)**	['butə]
multar (vt)	**beboeten**	[bə'butən]

42. La oficina de correos

oficina (f) de correos	**postkantoor (het)**	[pɔst·kan'tõr]
correo (m) (cartas, etc.)	**post (de)**	[pɔst]
cartero (m)	**postbode (de)**	['pɔst·bɔdə]
horario (m) de apertura	**openingsuren**	['ɔpəniŋs·ʉrən]
carta (f)	**brief (de)**	[brif]
carta (f) certificada	**aangetekende brief (de)**	['ãnxə'tekəndə brif]
tarjeta (f) postal	**briefkaart (de)**	['brif·kãrt]
telegrama (m)	**telegram (het)**	[teləx'ram]
paquete (m) postal	**postpakket (het)**	[pɔstpa'ket]
giro (m) postal	**overschrijving (de)**	[ɔvər'sxrɛjviŋ]
recibir (vt)	**ontvangen**	[ɔnt'faŋən]
enviar (vt)	**sturen**	['stʉrən]
envío (m)	**verzending (de)**	[vər'zɛndiŋ]
dirección (f)	**adres (het)**	[ad'rɛs]
código (m) postal	**postcode (de)**	['pɔst·kɔdə]
expedidor (m)	**verzender (de)**	[vər'zɛndər]
destinatario (m)	**ontvanger (de)**	[ɔnt'faŋər]
nombre (m)	**naam (de)**	[nãm]
apellido (m)	**achternaam (de)**	['axtər·nãm]
tarifa (f)	**tarief (het)**	[ta'rif]
ordinario (adj)	**standaard**	['standãrt]
económico (adj)	**zuinig**	['zœʏnəx]
peso (m)	**gewicht (het)**	[xə'wixt]
pesar (~ una carta)	**afwegen**	['afwexən]
sobre (m)	**envelop (de)**	[ɛnve'lɔp]
sello (m)	**postzegel (de)**	['pɔst·zexəl]

| poner un sello | een postzegel plakken op | [en pɔst'zexəl 'plakən ɔp] |

43. La banca

| banco (m) | bank (de) | [bank] |
| sucursal (f) | bankfiliaal (het) | [bank·fili'āl] |

| consultor (m) | bankbediende (de) | [bank·bə'dində] |
| gerente (m) | manager (de) | ['mɛnədʒər] |

cuenta (f)	bankrekening (de)	[bank·'rekəniŋ]
numero (m) de la cuenta	rekeningnummer (het)	['rekəniŋ·'nʉmər]
cuenta (f) corriente	lopende rekening (de)	['lɔpəndə 'rekəniŋ]
cuenta (f) de ahorros	spaarrekening (de)	['spār·'rekəniŋ]

abrir una cuenta	een rekening openen	[en 'rekəniŋ 'ɔpənən]
cerrar la cuenta	de rekening sluiten	[də 'rekəniŋ slœʏtən]
ingresar en la cuenta	op rekening storten	[ɔp 'rekəniŋ 'stɔrtən]
sacar de la cuenta	opnemen	['ɔpnemən]

| depósito (m) | storting (de) | ['stɔrtiŋ] |
| hacer un depósito | een storting maken | [en 'stɔrtiŋ 'makən] |

| giro (m) bancario | overschrijving (de) | [ɔvər'sxrɛjviŋ] |
| hacer un giro | een overschrijving maken | [en ɔvər'sxrɛjviŋ 'makən] |

| suma (f) | som (de) | [sɔm] |
| ¿Cuánto? | Hoeveel? | [hu'vēl] |

| firma (f) (nombre) | handtekening (de) | ['hand·'tekəniŋ] |
| firmar (vt) | ondertekenen | ['ɔndər'tekənən] |

| tarjeta (f) de crédito | kredietkaart (de) | [kre'dit·kārt] |
| código (m) | code (de) | ['kɔdə] |

| número (m) de tarjeta de crédito | kredietkaart-nummer (het) | [kre'dit·kārt 'nʉmər] |
| cajero (m) automático | geldautomaat (de) | [xɛlt·auto'māt] |

cheque (m)	cheque (de)	[ʃɛk]
sacar un cheque	een cheque uitschrijven	[en ʃɛk œʏt'sxrɛjvən]
talonario (m)	chequeboekje (het)	[ʃɛk·'bukjə]

crédito (m)	lening, krediet (de)	['leniŋ], [kre'dit]
pedir el crédito	een lening aanvragen	[en 'leniŋ 'ānvraxən]
obtener un crédito	een lening nemen	[en 'leniŋ 'nemən]
conceder un crédito	een lening verlenen	[en 'leniŋ vər'lenən]
garantía (f)	garantie (de)	[xa'rantsi]

44. El teléfono. Las conversaciones telefónicas

teléfono (m)	telefoon (de)	[telə'fõn]
teléfono (m) móvil	mobieltje (het)	[mɔ'biltʃe]
contestador (m)	antwoordapparaat (het)	['antwõrt·apa'rāt]
llamar, telefonear	bellen	['belən]
llamada (f)	belletje (het)	['beletʃe]
marcar un número	een nummer draaien	[en 'nʉmər 'drājən]
¿Sí?, ¿Dígame?	Hallo!	[ha'lɔ]
preguntar (vt)	vragen	['vraxən]
responder (vi, vt)	antwoorden	['antwõrdən]
oír (vt)	horen	['hɔrən]
bien (adv)	goed	[xut]
mal (adv)	slecht	[slɛxt]
ruidos (m pl)	storingen	['stɔriŋən]
auricular (m)	hoorn (de)	[hõrn]
descolgar (el teléfono)	opnemen	['ɔpnemən]
colgar el auricular	ophangen	['ɔphaŋən]
ocupado (adj)	bezet	[bə'zɛt]
sonar (teléfono)	overgaan	['ɔvərxān]
guía (f) de teléfonos	telefoonboek (het)	[telə'fõn·buk]
local (adj)	lokaal	[lɔ'kāl]
llamada (f) local	lokaal gesprek (het)	[lɔ'kāl xesp'rɛk]
de larga distancia	interlokaal	[intərlɔ'kāl]
llamada (f)	interlokaal gesprek (het)	[intərlɔ'kāl xe'sprɛk]
de larga distancia		
internacional (adj)	buitenlands	['bœytənlants]
llamada (f) internacional	buitenlands gesprek (het)	['bœytənlants xe'ʃprɛk]

45. El teléfono celular

teléfono (m) móvil	mobieltje (het)	[mɔ'biltʃe]
pantalla (f)	scherm (het)	[sxɛrm]
botón (m)	toets, knop (de)	[tuts], [knɔp]
tarjeta SIM (f)	simkaart (de)	['sim·kārt]
pila (f)	batterij (de)	[batə'rɛj]
descargarse (vr)	leeg zijn	[lēx zɛjn]
cargador (m)	acculader (de)	[akʉ'ladər]
menú (m)	menu (het)	[me'nʉ]
preferencias (f pl)	instellingen	['instɛliŋən]

| melodía (f) | melodie (de) | [melɔ'di] |
| seleccionar (vt) | selecteren | [selɛk'terən] |

calculadora (f)	rekenmachine (de)	['rekən·ma'ʃinə]
contestador (m)	voicemail (de)	['vɔjs·mɛjl]
despertador (m)	wekker (de)	['wɛkər]
contactos (m pl)	contacten	[kɔn'taktən]

| mensaje (m) de texto | SMS-bericht (het) | [ɛsɛ'mɛs-bə'rixt] |
| abonado (m) | abonnee (de) | [abɔ'nē] |

46. Los artículos de escritorio. La papelería

| bolígrafo (m) | balpen (de) | ['bal·pən] |
| pluma (f) estilográfica | vulpen (de) | ['vʉl·pən] |

lápiz (m)	potlood (het)	['pɔtlōt]
marcador (m)	marker (de)	['markər]
rotulador (m)	viltstift (de)	['vilt·stift]

| bloc (m) de notas | notitieboekje (het) | [nɔ'titsi·'bukje] |
| agenda (f) | agenda (de) | [a'xɛnda] |

regla (f)	liniaal (de/het)	[lini'āl]
calculadora (f)	rekenmachine (de)	['rekən·ma'ʃinə]
goma (f) de borrar	gom (de)	[xɔm]
chincheta (f)	punaise (de)	[pʉ'nɛzə]
clip (m)	paperclip (de)	['pɛjpər·klip]

cola (f), pegamento (m)	lijm (de)	[lɛjm]
grapadora (f)	nietmachine (de)	['nit·ma'ʃinə]
perforador (m)	perforator (de)	[perfɔ'ratɔr]
sacapuntas (m)	potloodslijper (de)	['pɔtlōt·'slɛjpər]

47. Los idiomas extranjeros

lengua (f)	taal (de)	[tāl]
extranjero (adj)	vreemd	[vrēmt]
lengua (f) extranjera	vreemde taal (de)	['vrēmdə tāl]
estudiar (vt)	leren	['lerən]
aprender (ingles, etc.)	studeren	[stʉ'derən]

leer (vi, vt)	lezen	['lezən]
hablar (vi, vt)	spreken	['sprekən]
comprender (vt)	begrijpen	[bə'xrɛjpən]
escribir (vt)	schrijven	['sxrɛjvən]
rápidamente (adv)	snel	[snɛl]
lentamente (adv)	langzaam	['laŋzām]

con fluidez (adv)	vloeiend	['vlujənt]
reglas (f pl)	regels	['rexəls]
gramática (f)	grammatica (de)	[xra'matika]
vocabulario (m)	vocabulaire (het)	[vɔkabu'lɛːr]
fonética (f)	fonetiek (de)	[fɔnɛ'tik]

manual (m)	leerboek (het)	['lēr·buk]
diccionario (m)	woordenboek (het)	['wōrdən·buk]
manual (m) autodidáctico	leerboek (het) voor zelfstudie	['lērbuk vōr 'zɛlfstudi]
guía (f) de conversación	taalgids (de)	['tāl·xits]

casete (m)	cassette (de)	[ka'sɛtə]
videocasete (f)	videocassette (de)	['video·ka'sɛtə]
disco compacto, CD (m)	CD (de)	[se'de]
DVD (m)	DVD (de)	[deve'de]

alfabeto (m)	alfabet (het)	['alfabət]
deletrear (vt)	spellen	['spɛlən]
pronunciación (f)	uitspraak (de)	['œʏtsprāk]

acento (m)	accent (het)	[ak'sɛnt]
con acento	met een accent	[mɛt en ak'sɛnt]
sin acento	zonder accent	['zɔndər ak'sɛnt]

| palabra (f) | woord (het) | [wōrt] |
| significado (m) | betekenis (de) | [bə'tekənis] |

cursos (m pl)	cursus (de)	['kurzus]
inscribirse (vr)	zich inschrijven	[zix 'insxrɛjvən]
profesor (m) (~ de inglés)	leraar (de)	['lerār]

traducción (f) (proceso)	vertaling (de)	[vər'taliŋ]
traducción (f) (texto)	vertaling (de)	[vər'taliŋ]
traductor (m)	vertaler (de)	[vər'talər]
intérprete (m)	tolk (de)	[tɔlk]

| políglota (m) | polyglot (de) | [poli'xlɔt] |
| memoria (f) | geheugen (het) | [xə'høxən] |

LAS COMIDAS. EL RESTAURANTE

T&P Books Publishing

48. Los cubiertos

cuchara (f)	lepel (de)	['lepəl]
cuchillo (m)	mes (het)	[mɛs]
tenedor (m)	vork (de)	[vɔrk]
taza (f)	kopje (het)	['kɔpjə]
plato (m)	bord (het)	[bɔrt]
platillo (m)	schoteltje (het)	['sxɔteltʃə]
servilleta (f)	servet (het)	[sɛr'vɛt]
mondadientes (m)	tandenstoker (de)	['tandən·'stɔkər]

49. El restaurante

restaurante (m)	restaurant (het)	[rɛstɔ'rant]
cafetería (f)	koffiehuis (het)	['kɔfi·hœys]
bar (m)	bar (de)	[bar]
salón (m) de té	tearoom (de)	['ti·rōm]
camarero (m)	kelner, ober (de)	['kɛlnər], ['ɔbər]
camarera (f)	serveerster (de)	[sɛr'vērstər]
barman (m)	barman (de)	['barman]
carta (f), menú (m)	menu (het)	[me'nʉ]
carta (f) de vinos	wijnkaart (de)	['wɛjn·kārt]
reservar una mesa	een tafel reserveren	[en 'tafəl rezər'verən]
plato (m)	gerecht (het)	[xe'rɛht]
pedir (vt)	bestellen	[bə'stɛlən]
hacer un pedido	een bestelling maken	[en bə'stɛliŋ 'makən]
aperitivo (m)	aperitief (de/het)	[aperi'tif]
entremés (m)	voorgerecht (het)	['vōrxərɛht]
postre (m)	dessert (het)	[dɛ'sɛ:r]
cuenta (f)	rekening (de)	['rekəniŋ]
pagar la cuenta	de rekening betalen	[də 'rekəniŋ bə'talən]
dar la vuelta	wisselgeld teruggeven	['wisəl·xɛlt tɛ'rʉxevən]
propina (f)	fooi (de)	[fōj]

50. Las comidas

comida (f)	eten (het)	['etən]
comer (vi, vt)	eten	['etən]

desayuno (m)	ontbijt (het)	[ɔn'bɛjt]
desayunar (vi)	ontbijten	[ɔn'bɛjtən]
almuerzo (m)	lunch (de)	['lʉnʃ]
almorzar (vi)	lunchen	['lʉnʃən]
cena (f)	avondeten (het)	['avɔntetən]
cenar (vi)	souperen	[su'perən]

| apetito (m) | eetlust (de) | ['ētlʉst] |
| ¡Que aproveche! | Eet smakelijk! | [ēt 'smakələk] |

abrir (vt)	openen	['ɔpənən]
derramar (líquido)	morsen	['mɔrsən]
derramarse (líquido)	zijn gemorst	[zɛjn xɛ'mɔrst]

hervir (vi)	koken	['kɔkən]
hervir (vt)	koken	['kɔkən]
hervido (agua ~a)	gekookt	[xə'kōkt]
enfriar (vt)	afkoelen	['afkulən]
enfriarse (vr)	afkoelen	['afkulən]

| sabor (m) | smaak (de) | [smāk] |
| regusto (m) | nasmaak (de) | ['nasmāk] |

adelgazar (vi)	volgen een dieet	['vɔlxə en di'ēt]
dieta (f)	dieet (het)	[di'ēt]
vitamina (f)	vitamine (de)	[vita'minə]
caloría (f)	calorie (de)	[kalɔ'ri]
vegetariano (m)	vegetariër (de)	[vəxɛ'tarier]
vegetariano (adj)	vegetarisch	[vəxɛ'taris]

grasas (f pl)	vetten	['vɛtən]
proteínas (f pl)	eiwitten	['ɛjwitən]
carbohidratos (m pl)	koolhydraten	[kōlhi'dratən]
loncha (f)	snede (de)	['snedə]
pedazo (m)	stuk (het)	[stʉk]
miga (f)	kruimel (de)	['krœyməl]

51. Los platos

plato (m)	gerecht (het)	[xe'rɛht]
cocina (f)	keuken (de)	['køkən]
receta (f)	recept (het)	[re'sɛpt]
porción (f)	portie (de)	['pɔrsi]

| ensalada (f) | salade (de) | [sa'ladə] |
| sopa (f) | soep (de) | [sup] |

caldo (m)	bouillon (de)	[bu'jon]
bocadillo (m)	boterham (de)	['botərham]
huevos (m pl) fritos	spiegelei (het)	['spixəl·ɛj]

| hamburguesa (f) | hamburger (de) | ['hamburxər] |
| bistec (m) | biefstuk (de) | ['bifstʉk] |

guarnición (f)	garnering (de)	[xar'neriŋ]
espagueti (m)	spaghetti (de)	[spa'xeti]
puré (m) de patatas	aardappelpuree (de)	['ārdapəl·pʉ'rē]
pizza (f)	pizza (de)	['pitsa]
gachas (f pl)	pap (de)	[pap]
tortilla (f) francesa	omelet (de)	[ɔmə'lɛt]

cocido en agua (adj)	gekookt	[xə'kōkt]
ahumado (adj)	gerookt	[xə'rōkt]
frito (adj)	gebakken	[xə'bakən]
seco (adj)	gedroogd	[xə'drōxt]
congelado (adj)	diepvries	['dip·vris]
marinado (adj)	gemarineerd	[xəmari'nērt]

azucarado, dulce (adj)	zoet	[zut]
salado (adj)	gezouten	[xə'zautən]
frío (adj)	koud	['kaut]
caliente (adj)	heet	[hēt]
amargo (adj)	bitter	['bitər]
sabroso (adj)	lekker	['lɛkər]

cocer en agua	koken	['kɔkən]
preparar (la cena)	bereiden	[bə'rɛjdən]
freír (vt)	bakken	['bakən]
calentar (vt)	opwarmen	['ɔpwarmən]

salar (vt)	zouten	['zautən]
poner pimienta	peperen	['pepərən]
rallar (vt)	raspen	['raspən]
piel (f)	schil (de)	[sxil]
pelar (vt)	schillen	['sxilən]

52. La comida

carne (f)	vlees (het)	[vlēs]
gallina (f)	kip (de)	[kip]
pollo (m)	kuiken (het)	['kœʏkən]
pato (m)	eend (de)	[ēnt]
ganso (m)	gans (de)	[xans]
caza (f) menor	wild (het)	[wilt]
pava (f)	kalkoen (de)	[kal'kun]

carne (f) de cerdo	varkensvlees (het)	['varkəns·vlēs]
carne (f) de ternera	kalfsvlees (het)	['kalfs·vlēs]
carne (f) de carnero	schapenvlees (het)	['sxapən·vlēs]
carne (f) de vaca	rundvlees (het)	['rʉnt·vlēs]
conejo (m)	konijnenvlees (het)	[kɔ'nɛjnən·vlēs]

salchichón (m)	worst (de)	[wɔrst]
salchicha (f)	saucijs (de)	['sɔsɛjs]
beicon (m)	spek (het)	[spɛk]
jamón (m)	ham (de)	[ham]
jamón (m) fresco	gerookte achterham (de)	[xə'rōktə 'ahtərham]

paté (m)	paté (de)	[pa'tɛ]
hígado (m)	lever (de)	['levər]
carne (f) picada	gehakt (het)	[xə'hakt]
lengua (f)	tong (de)	[tɔŋ]

huevo (m)	ei (het)	[ɛj]
huevos (m pl)	eieren	['ɛjerən]
clara (f)	eiwit (het)	['ɛjwit]
yema (f)	eigeel (het)	['ɛjxēl]

pescado (m)	vis (de)	[vis]
mariscos (m pl)	zeevruchten	[zē·'vrʉxtən]
crustáceos (m pl)	schaaldieren	['sxal·dīrən]
caviar (m)	kaviaar (de)	[ka'vjãr]

cangrejo (m) de mar	krab (de)	[krab]
camarón (m)	garnaal (de)	[xar'nāl]
ostra (f)	oester (de)	['ustər]
langosta (f)	langoest (de)	[lan'xust]
pulpo (m)	octopus (de)	['ɔktɔpʉs]
calamar (m)	inktvis (de)	['inktvis]

esturión (m)	steur (de)	['stør]
salmón (m)	zalm (de)	[zalm]
fletán (m)	heilbot (de)	['hɛjlbɔt]

bacalao (m)	kabeljauw (de)	[kabə'ljau]
caballa (f)	makreel (de)	[ma'krēl]
atún (m)	tonijn (de)	[tɔ'nɛjn]
anguila (f)	paling (de)	[pa'liŋ]

trucha (f)	forel (de)	[fɔ'rɛl]
sardina (f)	sardine (de)	[sar'dinə]
lucio (m)	snoek (de)	[snuk]
arenque (m)	haring (de)	['hariŋ]

pan (m)	brood (het)	[brōt]
queso (m)	kaas (de)	[kās]
azúcar (m)	suiker (de)	[sœʏkər]
sal (f)	zout (het)	['zaut]

arroz (m)	rijst (de)	[rɛjst]
macarrones (m pl)	pasta (de)	['pasta]
tallarines (m pl)	noedels	['nudɛls]
mantequilla (f)	boter (de)	['bɔtər]
aceite (m) vegetal	plantaardige olie (de)	[plant'ārdixə 'ɔli]

aceite (m) de girasol	**zonnebloemolie (de)**	['zɔnəblum·'ɔli]
margarina (f)	**margarine (de)**	[marxa'rinə]
olivas, aceitunas (f pl)	**olijven**	[ɔ'lɛjvən]
aceite (m) de oliva	**olijfolie (de)**	[ɔ'lɛjf·'ɔli]
leche (f)	**melk (de)**	[mɛlk]
leche (f) condensada	**gecondenseerde melk (de)**	[xəkɔnsən'sērdə mɛlk]
yogur (m)	**yoghurt (de)**	['jogʉrt]
nata (f) agria	**zure room (de)**	['zʉrə rõm]
nata (f) líquida	**room (de)**	[rõm]
mayonesa (f)	**mayonaise (de)**	[majo'nɛzə]
crema (f) de mantequilla	**crème (de)**	[krɛ:m]
cereales (m pl) integrales	**graan (het)**	[xrān]
harina (f)	**meel (het), bloem (de)**	[mēl], [blum]
conservas (f pl)	**conserven**	[kɔn'sɛrvən]
copos (m pl) de maíz	**maïsvlokken**	[majs·'vlɔkən]
miel (f)	**honing (de)**	['hɔniŋ]
confitura (f)	**jam (de)**	[ʃɛm]
chicle (m)	**kauwgom (de)**	['kauxɔm]

53. Las bebidas

agua (f)	**water (het)**	['watər]
agua (f) potable	**drinkwater (het)**	['drink·'watər]
agua (f) mineral	**mineraalwater (het)**	[minə'rāl·'watər]
sin gas	**zonder gas**	['zɔndər xas]
gaseoso (adj)	**koolzuurhoudend**	[kōlzūr·'haudənt]
con gas	**bruisend**	['brœʏsənt]
hielo (m)	**ijs (het)**	[ɛjs]
con hielo	**met ijs**	[mɛt ɛjs]
sin alcohol	**alcohol vrij**	['alkɔhɔl vrɛj]
bebida (f) sin alcohol	**alcohol vrije drank (de)**	['alkɔhɔl 'vrɛjə drank]
refresco (m)	**frisdrank (de)**	['fris·drank]
limonada (f)	**limonade (de)**	[limɔ'nadə]
bebidas (f pl) alcohólicas	**alcoholische dranken**	[alkɔ'hɔlisə 'drankən]
vino (m)	**wijn (de)**	[wɛjn]
vino (m) blanco	**witte wijn (de)**	['witə wɛjn]
vino (m) tinto	**rode wijn (de)**	['rɔdə wɛjn]
licor (m)	**likeur (de)**	[li'kør]
champaña (f)	**champagne (de)**	[ʃʌm'panjə]

vermú (m)	**vermout (de)**	['vɛrmut]
whisky (m)	**whisky (de)**	['wiski]
vodka (m)	**wodka (de)**	['wɔdka]
ginebra (f)	**gin (de)**	[dʒin]
coñac (m)	**cognac (de)**	[kɔ'njak]
ron (m)	**rum (de)**	[rʉm]
café (m)	**koffie (de)**	['kɔfi]
café (m) solo	**zwarte koffie (de)**	['zwartə 'kɔfi]
café (m) con leche	**koffie (de) met melk**	['kɔfi mɛt mɛlk]
capuchino (m)	**cappuccino (de)**	[kapu'tʃino]
café (m) soluble	**oploskoffie (de)**	['ɔplɔs·'kɔfi]
leche (f)	**melk (de)**	[mɛlk]
cóctel (m)	**cocktail (de)**	['kɔktəl]
batido (m)	**milkshake (de)**	['milk·ʃɛjk]
zumo (m), jugo (m)	**sap (het)**	[sap]
jugo (m) de tomate	**tomatensap (het)**	[tɔ'matən·sap]
zumo (m) de naranja	**sinaasappelsap (het)**	['sināsapəl·sap]
zumo (m) fresco	**vers geperst sap (het)**	[vɛrs xə'pɛrst sap]
cerveza (f)	**bier (het)**	[bir]
cerveza (f) rubia	**licht bier (het)**	[lixt bir]
cerveza (f) negra	**donker bier (het)**	['dɔnkər bir]
té (m)	**thee (de)**	[tē]
té (m) negro	**zwarte thee (de)**	['zwartə tē]
té (m) verde	**groene thee (de)**	['xrunə tē]

54. Las verduras

legumbres (f pl)	**groenten**	['xruntən]
verduras (f pl)	**verse kruiden**	['vɛrsə 'krœydən]
tomate (m)	**tomaat (de)**	[tɔ'māt]
pepino (m)	**augurk (de)**	[au'xʉrk]
zanahoria (f)	**wortel (de)**	['wɔrtəl]
patata (f)	**aardappel (de)**	['ārd·apəl]
cebolla (f)	**ui (de)**	['œy]
ajo (m)	**knoflook (de)**	['knõflɔk]
col (f)	**kool (de)**	[kõl]
coliflor (f)	**bloemkool (de)**	['blum·kõl]
col (f) de Bruselas	**spruitkool (de)**	['sprœyt·kõl]
brócoli (m)	**broccoli (de)**	['brɔkɔli]
remolacha (f)	**rode biet (de)**	['rɔdə bit]
berenjena (f)	**aubergine (de)**	[ɔbɛr'ʒinə]
calabacín (m)	**courgette (de)**	[kur'ʒɛt]

| calabaza (f) | pompoen (de) | [pɔm'pun] |
| nabo (m) | raap (de) | [rāp] |

perejil (m)	peterselie (de)	[petər'sɛli]
eneldo (m)	dille (de)	['dilə]
lechuga (f)	sla (de)	[sla]
apio (m)	selderij (de)	['sɛldɛrɛj]
espárrago (m)	asperge (de)	[as'pɛrʒə]
espinaca (f)	spinazie (de)	[spi'nazi]

guisante (m)	erwt (de)	[ɛrt]
habas (f pl)	bonen	['bonən]
maíz (m)	maïs (de)	[majs]
fréjol (m)	nierboon (de)	['nir·bōn]

pimiento (m) dulce	peper (de)	['pepər]
rábano (m)	radijs (de)	[ra'dɛjs]
alcachofa (f)	artisjok (de)	[arti'ɕɔk]

55. Las frutas. Las nueces

fruto (m)	vrucht (de)	[vrʉxt]
manzana (f)	appel (de)	['apəl]
pera (f)	peer (de)	[pēr]
limón (m)	citroen (de)	[si'trun]
naranja (f)	sinaasappel (de)	['sināsapəl]
fresa (f)	aardbei (de)	['ārd·bɛj]

mandarina (f)	mandarijn (de)	[manda'rɛjn]
ciruela (f)	pruim (de)	['prœʏm]
melocotón (m)	perzik (de)	['pɛrzik]
albaricoque (m)	abrikoos (de)	[abri'kōs]
frambuesa (f)	framboos (de)	[fram'bōs]
piña (f)	ananas (de)	['ananas]

banana (f)	banaan (de)	[ba'nān]
sandía (f)	watermeloen (de)	['watərmɛ'lun]
uva (f)	druif (de)	[drœʏf]
guinda (f)	zure kers (de)	['zʉrə kɛrs]
cereza (f)	zoete kers (de)	['zutə kɛrs]
melón (m)	meloen (de)	[mə'lun]

pomelo (m)	grapefruit (de)	['grepfrut]
aguacate (m)	avocado (de)	[avɔ'kadɔ]
papaya (f)	papaja (de)	[pa'paja]
mango (m)	mango (de)	['mangɔ]
granada (f)	granaatappel (de)	[xra'nāt·'apəl]

| grosella (f) roja | rode bes (de) | ['rɔdə bɛs] |
| grosella (f) negra | zwarte bes (de) | ['zwartə bɛs] |

grosella (f) espinosa	kruisbes (de)	['krœʏsbɛs]
arándano (m)	blauwe bosbes (de)	['blauə 'bɔsbɛs]
zarzamoras (f pl)	braambes (de)	['brãmbɛs]

pasas (f pl)	rozijn (de)	[rɔ'zɛjn]
higo (m)	vijg (de)	[vɛjx]
dátil (m)	dadel (de)	['dadəl]

cacahuete (m)	pinda (de)	['pinda]
almendra (f)	amandel (de)	[a'mandəl]
nuez (f)	walnoot (de)	['walnõt]
avellana (f)	hazelnoot (de)	['hazəl·nõt]
nuez (f) de coco	kokosnoot (de)	['kɔkɔs·nõt]
pistachos (m pl)	pistaches	[pi'staʃəs]

56. El pan. Los dulces

pasteles (m pl)	suikerbakkerij (de)	[sœʏkər bakə'rɛj]
pan (m)	brood (het)	[brõt]
galletas (f pl)	koekje (het)	['kukjə]

chocolate (m)	chocolade (de)	[ʃɔkɔ'ladə]
de chocolate (adj)	chocolade-	[ʃɔkɔ'ladə]
caramelo (m)	snoepje (het)	['snupjə]
tarta (f) (pequeña)	cakeje (het)	['kejkjə]
tarta (f) (~ de cumpleaños)	taart (de)	[tãrt]

| tarta (f) (~ de manzana) | pastei (de) | [pas'tɛj] |
| relleno (m) | vulling (de) | ['vʉliŋ] |

confitura (f)	confituur (de)	[kɔnfi'tʉr]
mermelada (f)	marmelade (de)	[marmə'ladə]
gofre (m)	wafel (de)	['wafəl]
helado (m)	ijsje (het)	['ɛisjə], ['ɛiʃə]
pudin (m)	pudding (de)	['pʉdiŋ]

57. Las especias

sal (f)	zout (het)	['zaut]
salado (adj)	gezouten	[xə'zautən]
salar (vt)	zouten	['zautən]

pimienta (f) negra	zwarte peper (de)	['zwartə 'pepər]
pimienta (f) roja	rode peper (de)	['rɔdə 'pepər]
mostaza (f)	mosterd (de)	['mɔstərt]
rábano (m) picante	mierikswortel (de)	['miriks·'wɔrtəl]
condimento (m)	condiment (het)	[kɔndi'mɛnt]
especia (f)	specerij , kruiderij (de)	[spesə'rɛj], [krœʏdə'rɛj]

| salsa (f) | saus (de) | ['saus] |
| vinagre (m) | azijn (de) | [a'zɛjn] |

anís (m)	anijs (de)	[a'nɛjs]
albahaca (f)	basilicum (de)	[ba'silikəm]
clavo (m)	kruidnagel (de)	['krœʏtnaxəl]
jengibre (m)	gember (de)	['xɛmbər]
cilantro (m)	koriander (de)	[kɔri'andər]
canela (f)	kaneel (de/het)	[ka'nēl]

sésamo (m)	sesamzaad (het)	['sɛzam·zāt]
hoja (f) de laurel	laurierblad (het)	[lau'rir·blat]
paprika (f)	paprika (de)	['paprika]
comino (m)	komijn (de)	[kɔ'mɛjn]
azafrán (m)	saffraan (de)	[saf'rān]

T&P BOOKS

LA INFORMACIÓN PERSONAL. LA FAMILIA

T&P Books Publishing

58. La información personal. Los formularios

nombre (m)	**naam (de)**	[nãm]
apellido (m)	**achternaam (de)**	['axtər·nãm]
fecha (f) de nacimiento	**geboortedatum (de)**	[xə'bŏrtə·datʉm]
lugar (m) de nacimiento	**geboorteplaats (de)**	[xə'bŏrtə·plãts]
nacionalidad (f)	**nationaliteit (de)**	[natsjonali'tɛjt]
domicilio (m)	**woonplaats (de)**	['wŏm·plãts]
país (m)	**land (het)**	[lant]
profesión (f)	**beroep (het)**	[bə'rup]
sexo (m)	**geslacht (het)**	[xə'slaht]
estatura (f)	**lengte (de)**	['lɛŋtə]
peso (m)	**gewicht (het)**	[xə'wixt]

59. Los familiares. Los parientes

madre (f)	**moeder (de)**	['mudər]
padre (m)	**vader (de)**	['vadər]
hijo (m)	**zoon (de)**	[zõn]
hija (f)	**dochter (de)**	['dɔxtər]
hija (f) menor	**jongste dochter (de)**	['joŋstə 'dɔxtər]
hijo (m) menor	**jongste zoon (de)**	['joŋstə zõn]
hija (f) mayor	**oudste dochter (de)**	['audstə 'dɔxtər]
hijo (m) mayor	**oudste zoon (de)**	['audstə zõn]
hermano (m)	**broer (de)**	[brur]
hermano (m) mayor	**oudere broer (de)**	['audərə brur]
hermano (m) menor	**jongere broer (de)**	['joŋərə brur]
hermana (f)	**zuster (de)**	['zʉstər]
hermana (f) mayor	**oudere zuster (de)**	['audərə 'zʉstər]
hermana (f) menor	**jongere zuster (de)**	['joŋərə 'zʉstər]
primo (m)	**neef (de)**	[nĕf]
prima (f)	**nicht (de)**	[nixt]
mamá (f)	**mama (de)**	['mama]
papá (m)	**papa (de)**	['papa]
padres (pl)	**ouders**	['audərs]
niño -a (m, f)	**kind (het)**	[kint]
niños (pl)	**kinderen**	['kindərən]
abuela (f)	**oma (de)**	['ɔma]
abuelo (m)	**opa (de)**	['ɔpa]

nieto (m)	kleinzoon (de)	[klɛjn·zõn]
nieta (f)	kleindochter (de)	[klɛjn·'dɔxtər]
nietos (pl)	kleinkinderen	[klɛjn·'kinderən]

tío (m)	oom (de)	[õm]
tía (f)	tante (de)	['tantə]
sobrino (m)	neef (de)	[nẽf]
sobrina (f)	nicht (de)	[nixt]

suegra (f)	schoonmoeder (de)	['sxõn·mudər]
suegro (m)	schoonvader (de)	['sxõn·vadər]
yerno (m)	schoonzoon (de)	['sxõn·zõn]
madrastra (f)	stiefmoeder (de)	['stif·mudər]
padrastro (m)	stiefvader (de)	['stif·vadər]

niño (m) de pecho	zuigeling (de)	['zœɣəliŋ]
bebé (m)	wiegenkind (het)	['wixən·kint]
chico (m)	kleuter (de)	['kløtər]

mujer (f)	vrouw (de)	['vrau]
marido (m)	man (de)	[man]
esposo (m)	echtgenoot (de)	['ɛhtxənõt]
esposa (f)	echtgenote (de)	['ɛhtxənotə]

casado (adj)	gehuwd	[xə'huwt]
casada (adj)	gehuwd	[xə'huwt]
soltero (adj)	ongehuwd	[ɔnhə'huwt]
soltero (m)	vrijgezel (de)	[vrɛjxə'zɛl]
divorciado (adj)	gescheiden	[xə'sxɛjdən]
viuda (f)	weduwe (de)	['weduwə]
viudo (m)	weduwnaar (de)	['weduwnãr]

pariente (m)	familielid (het)	[fa'mililit]
pariente (m) cercano	dichte familielid (het)	['dixtə fa'mililit]
pariente (m) lejano	verre familielid (het)	['vɛrə fa'mililit]
parientes (pl)	familieleden	[fa'mili'ledən]

huérfano (m), huérfana (f)	wees (de),	[wẽs],
	weeskind (het)	['wẽskint]
tutor (m)	voogd (de)	[võxt]
adoptar (un niño)	adopteren	[adɔp'terən]
adoptar (una niña)	adopteren	[adɔp'terən]

60. Los amigos. Los compañeros del trabajo

amigo (m)	vriend (de)	[vrint]
amiga (f)	vriendin (de)	[vrin'din]
amistad (f)	vriendschap (de)	['vrintsxap]
ser amigo	bevriend zijn	[bə'vrint zɛjn]
amigote (m)	makker (de)	['makər]

amiguete (f)	**vriendin (de)**	[vrin'din]
compañero (m)	**partner (de)**	['partnər]
jefe (m)	**chef (de)**	[ʃɛf]
superior (m)	**baas (de)**	[bās]
propietario (m)	**eigenaar (de)**	['ɛjxənār]
subordinado (m)	**ondergeschikte (de)**	['ɔndərxə'sxiktə]
colega (m, f)	**collega (de)**	[kɔ'lexa]
conocido (m)	**kennis (de)**	['kɛnis]
compañero (m) de viaje	**medereiziger (de)**	['medə·'rɛjzixər]
condiscípulo (m)	**klasgenoot (de)**	['klas·xənōt]
vecino (m)	**buurman (de)**	['būrman]
vecina (f)	**buurvrouw (de)**	['būrvrau]
vecinos (pl)	**buren**	['bʉrən]

EL CUERPO. LA MEDICINA

T&P Books Publishing

cabeza (f)	**hoofd (het)**	[hõft]
cara (f)	**gezicht (het)**	[xə'ziht]
nariz (f)	**neus (de)**	['nøs]
boca (f)	**mond (de)**	[mɔnt]
ojo (m)	**oog (het)**	[õx]
ojos (m pl)	**ogen**	['ɔxən]
pupila (f)	**pupil (de)**	[pʉ'pil]
ceja (f)	**wenkbrauw (de)**	['wɛnk·brau]
pestaña (f)	**wimper (de)**	['wimpər]
párpado (m)	**ooglid (het)**	['õx·lit]
lengua (f)	**tong (de)**	[tɔŋ]
diente (m)	**tand (de)**	[tant]
labios (m pl)	**lippen**	['lipən]
pómulos (m pl)	**jukbeenderen**	[juk'·bēndərən]
encía (f)	**tandvlees (het)**	['tand·vlēs]
paladar (m)	**gehemelte (het)**	[xə'heməltə]
ventanas (f pl)	**neusgaten**	['nøsxatən]
mentón (m)	**kin (de)**	[kin]
mandíbula (f)	**kaak (de)**	[kāk]
mejilla (f)	**wang (de)**	[waŋ]
frente (f)	**voorhoofd (het)**	['võrhõft]
sien (f)	**slaap (de)**	[slāp]
oreja (f)	**oor (het)**	[õr]
nuca (f)	**achterhoofd (het)**	['axtər·hõft]
cuello (m)	**hals (de)**	[hals]
garganta (f)	**keel (de)**	[kēl]
pelo, cabello (m)	**haren**	['harən]
peinado (m)	**kapsel (het)**	['kapsəl]
corte (m) de pelo	**haarsnit (de)**	['hārsnit]
peluca (f)	**pruik (de)**	['prœɣk]
bigote (m)	**snor (de)**	[snɔr]
barba (f)	**baard (de)**	[bārt]
tener (~ la barba)	**dragen**	['draxən]
trenza (f)	**vlecht (de)**	[vlɛxt]
patillas (f pl)	**bakkebaarden**	[bakə'bārtən]
pelirrojo (adj)	**ros**	[rɔs]
gris, canoso (adj)	**grijs**	[xrɛjs]

| calvo (adj) | kaal | [kāl] |
| calva (f) | kale plek (de) | ['kalə plɛk] |

| cola (f) de caballo | paardenstaart (de) | ['pārdən·stārt] |
| flequillo (m) | pony (de) | ['pɔni] |

62. El cuerpo

| mano (f) | hand (de) | [hant] |
| brazo (m) | arm (de) | [arm] |

dedo (m)	vinger (de)	['viŋər]
dedo (m) del pie	teen (de)	[tēn]
dedo (m) pulgar	duim (de)	['dœʏm]
dedo (m) meñique	pink (de)	[pink]
uña (f)	nagel (de)	['naxəl]

puño (m)	vuist (de)	['vœʏst]
palma (f)	handpalm (de)	['hantpalm]
muñeca (f)	pols (de)	[pɔls]
antebrazo (m)	voorarm (de)	['vōrarm]
codo (m)	elleboog (de)	['ɛləbōx]
hombro (m)	schouder (de)	['sxaudər]

pierna (f)	been (het)	[bēn]
planta (f)	voet (de)	[vut]
rodilla (f)	knie (de)	[kni]
pantorrilla (f)	kuit (de)	['kœʏt]

| cadera (f) | heup (de) | ['høp] |
| talón (m) | hiel (de) | [hil] |

cuerpo (m)	lichaam (het)	['lixām]
vientre (m)	buik (de)	['bœʏk]
pecho (m)	borst (de)	[bɔrst]
seno (m)	borst (de)	[bɔrst]
lado (m), costado (m)	zijde (de)	['zɛjdə]
espalda (f)	rug (de)	[rʉx]

| zona (f) lumbar | lage rug (de) | [laxə rʉx] |
| cintura (f), talle (m) | taille (de) | ['tajə] |

ombligo (m)	navel (de)	['navəl]
nalgas (f pl)	billen	['bilən]
trasero (m)	achterwerk (het)	['axtərwɛrk]

lunar (m)	huidvlek (de)	['hœʏt·vlɛk]
marca (f) de nacimiento	moedervlek (de)	['mudər·vlɛk]
tatuaje (m)	tatoeage (de)	[tatu'aʒə]
cicatriz (f)	litteken (het)	['litekən]

63. Las enfermedades

enfermedad (f)	ziekte (de)	['ziktə]
estar enfermo	ziek zijn	[zik zɛjn]
salud (f)	gezondheid (de)	[xə'zɔnthɛjt]
resfriado (m) (coriza)	snotneus (de)	[snɔt'nøs]
angina (f)	angina (de)	[an'xina]
resfriado (m)	verkoudheid (de)	[vər'kauthɛjt]
resfriarse (vr)	verkouden raken	[vər'kaudən 'rakən]
bronquitis (f)	bronchitis (de)	[brɔn'xitis]
pulmonía (f)	longontsteking (de)	['lɔŋ·ɔntstekiŋ]
gripe (f)	griep (de)	[xrip]
miope (adj)	bijziend	[bɛj'zint]
présbita (adj)	verziend	['vɛrzint]
estrabismo (m)	scheelheid (de)	['sxēlxɛjt]
estrábico (m) (adj)	scheel	[sxēl]
catarata (f)	grauwe staar (de)	['xrauə stār]
glaucoma (m)	glaucoom (het)	[xlau'kōm]
insulto (m)	beroerte (de)	[bə'rurtə]
ataque (m) cardiaco	hartinfarct (het)	['hart·in'farkt]
infarto (m) de miocardio	myocardiaal infarct (het)	[miɔkardi'āl in'farkt]
parálisis (f)	verlamming (de)	[vər'lamiŋ]
paralizar (vt)	verlammen	[vər'lamən]
alergia (f)	allergie (de)	[alɛr'xi]
asma (f)	astma (de/het)	['astma]
diabetes (f)	diabetes (de)	[dia'betəs]
dolor (m) de muelas	tandpijn (de)	['tand·pɛjn]
caries (f)	tandbederf (het)	['tand·bə'dɛrf]
diarrea (f)	diarree (de)	[dia'rē]
estreñimiento (m)	constipatie (de)	[kɔnsti'patsi]
molestia (f) estomacal	maagstoornis (de)	['māx·stōrnis]
envenenamiento (m)	voedselvergiftiging (de)	['vudsəl·vər'xiftəxiŋ]
envenenarse (vr)	voedselvergiftiging oplopen	['vudsəl·vər'xiftəxiŋ 'ɔplopən]
artritis (f)	artritis (de)	[ar'tritis]
raquitismo (m)	rachitis (de)	[ra'xitis]
reumatismo (m)	reuma (het)	['røma]
ateroesclerosis (f)	arteriosclerose (de)	[artɛriɔskle'rɔzə]
gastritis (f)	gastritis (de)	[xas'tritis]
apendicitis (f)	blindedarm- montsteking (de)	[blində'darm ɔntstɛkiŋ]
colecistitis (f)	galblaasontsteking (de)	['xalblaxāns·ɔnt'stɛkiŋ]

úlcera (f)	zweer (de)	[zwēr]
sarampión (m)	mazelen	['mazelən]
rubeola (f)	rodehond (de)	['rɔdəhɔnt]
ictericia (f)	geelzucht (de)	['xēlzʉht]
hepatitis (f)	leverontsteking (de)	['levər ɔnt'stekiŋ]

esquizofrenia (f)	schizofrenie (de)	[sxitsɔfrə'ni]
rabia (f) (hidrofobia)	dolheid (de)	['dɔlhɛjt]
neurosis (f)	neurose (de)	['nø'rɔzə]
conmoción (f) cerebral	hersenschudding (de)	['hɛrsən·sxjudiŋ]

cáncer (m)	kanker (de)	['kankər]
esclerosis (f)	sclerose (de)	[skle'rɔzə]
esclerosis (m) múltiple	multiple sclerose (de)	['mʉltiplə skle'rɔzə]

alcoholismo (m)	alcoholisme (het)	[alkɔhɔ'lismə]
alcohólico (m)	alcoholicus (de)	[alkɔ'hɔlikʉs]
sífilis (f)	syfilis (de)	['sifilis]
SIDA (m)	AIDS (de)	[ets]

tumor (m)	tumor (de)	['tʉmɔr]
maligno (adj)	kwaadaardig	['kwāt·'ārdəx]
benigno (adj)	goedaardig	[xu'tārdəx]

fiebre (f)	koorts (de)	[kõrts]
malaria (f)	malaria (de)	[ma'laria]
gangrena (f)	gangreen (het)	[xanx'rēn]
mareo (m)	zeeziekte (de)	[zē·'ziktə]
epilepsia (f)	epilepsie (de)	[ɛpilɛp'si]

epidemia (f)	epidemie (de)	[ɛpidə'mi]
tifus (m)	tyfus (de)	['tifʉs]
tuberculosis (f)	tuberculose (de)	[tʉbərkʉ'lɔzə]
cólera (f)	cholera (de)	['xɔləra]
peste (f)	pest (de)	[pɛst]

64. Los síntomas. Los tratamientos. Unidad 1

síntoma (m)	symptoom (het)	[simp'tõm]
temperatura (f)	temperatuur (de)	[tɛmpəra'tūr]
fiebre (f)	verhoogde temperatuur (de)	[vər'hõxtə tɛmpəra'tūr]
pulso (m)	polsslag (de)	['pɔls·slax]

mareo (m) (vértigo)	duizeling (de)	['dœyzəliŋ]
caliente (adj)	heet	[hēt]
escalofrío (m)	koude rillingen	['kaudə 'riliŋən]
pálido (adj)	bleek	[blēk]
tos (f)	hoest (de)	[hust]
toser (vi)	hoesten	['hustən]

estornudar (vi)	niezen	['nizən]
desmayo (m)	flauwte (de)	['flautə]
desmayarse (vr)	flauwvallen	['flauvalən]

moradura (f)	blauwe plek (de)	['blauə plɛk]
chichón (m)	buil (de)	['bœyl]
golpearse (vr)	zich stoten	[zix 'stotən]
magulladura (f)	kneuzing (de)	['knøziŋ]
magullarse (vr)	kneuzen	['knøzən]

cojear (vi)	hinken	['hinkən]
dislocación (f)	verstuiking (de)	[vər'stœykiŋ]
dislocar (vt)	verstuiken	[vər'stœykən]
fractura (f)	breuk (de)	['brøk]
tener una fractura	een breuk oplopen	[en 'brøk 'ɔplopən]

corte (m) (tajo)	snijwond (de)	['snɛj·wɔnt]
cortarse (vr)	zich snijden	[zix snɛjdən]
hemorragia (f)	bloeding (de)	['bludiŋ]

| quemadura (f) | brandwond (de) | ['brant·wɔnt] |
| quemarse (vr) | zich branden | [zix 'brandən] |

pincharse (~ el dedo)	prikken	['prikən]
pincharse (vr)	zich prikken	[zix 'prikən]
herir (vt)	blesseren	[blɛ'serən]
herida (f)	blessure (de)	[blɛ'sʉrə]
lesión (f) (herida)	wond (de)	[wɔnt]
trauma (m)	trauma (het)	['trauma]

delirar (vi)	ijlen	['ɛjlən]
tartamudear (vi)	stotteren	['stɔtɛrən]
insolación (f)	zonnesteek (de)	['zɔnə·stēk]

65. Los síntomas. Los tratamientos. Unidad 2

| dolor (m) | pijn (de) | [pɛjn] |
| astilla (f) | splinter (de) | ['splintər] |

sudor (m)	zweet (het)	['zwēt]
sudar (vi)	zweten	['zwetən]
vómito (m)	braking (de)	['brakiŋ]
convulsiones (f pl)	stuiptrekkingen	['stœyp·'trɛkiŋən]

embarazada (adj)	zwanger	['zwaŋər]
nacer (vi)	geboren worden	[xə'bɔrən 'wɔrdən]
parto (m)	geboorte (de)	[xə'bōrtə]
dar a luz	baren	['barən]
aborto (m)	abortus (de)	[a'bɔrtʉs]
respiración (f)	ademhaling (de)	['adəmhaliŋ]

inspiración (f)	inademing (de)	['inademiŋ]
espiración (f)	uitademing (de)	['œʏtademiŋ]
espirar (vi)	uitademen	['œʏtademən]
inspirar (vi)	inademen	['inademən]

inválido (m)	invalide (de)	[inva'lidə]
mutilado (m)	gehandicapte (de)	[hə'handikaptə]
drogadicto (m)	drugsverslaafde (de)	['drʉks·vər'slāfdə]

sordo (adj)	doof	[dōf]
mudo (adj)	stom	[stɔm]
sordomudo (adj)	doofstom	[dōf·'stɔm]

loco (adj)	krankzinnig	[kraŋk'sinəx]
loco (m)	krankzinnige (de)	[kraŋk'sinəxə]
loca (f)	krankzinnige (de)	[kraŋk'sinəxə]
volverse loco	krankzinnig worden	[kraŋk'sinəx 'wɔrdən]

gen (m)	gen (het)	[xen]
inmunidad (f)	immuniteit (de)	[imʉni'tɛjt]
hereditario (adj)	erfelijk	['ɛrfələk]
de nacimiento (adj)	aangeboren	['ānxəbɔrən]

virus (m)	virus (het)	['virʉs]
microbio (m)	microbe (de)	[mik'rɔbə]
bacteria (f)	bacterie (de)	[bak'teri]
infección (f)	infectie (de)	[in'fɛksi]

66. Los síntomas. Los tratamientos. Unidad 3

| hospital (m) | ziekenhuis (het) | ['zikən·hœʏs] |
| paciente (m) | patiënt (de) | [pasi'ent] |

diagnosis (f)	diagnose (de)	[diax'nɔzə]
cura (f)	genezing (de)	[xə'neziŋ]
tratamiento (m)	medische behandeling (de)	['mɛdisə bə'handəliŋ]

curarse (vr)	onder behandeling zijn	['ɔndər bə'handəliŋ zɛjn]
tratar (vt)	behandelen	[bə'handələn]
cuidar (a un enfermo)	zorgen	['zɔrxən]
cuidados (m pl)	ziekenzorg (de)	['zikən·zɔrx]

operación (f)	operatie (de)	[ɔpe'ratsi]
vendar (vt)	verbinden	[vər'bindən]
vendaje (m)	verband (het)	[vər'bant]

vacunación (f)	vaccin (het)	[vaksən]
vacunar (vt)	inenten	['inɛntən]
inyección (f)	injectie (de)	[inj'eksi]
aplicar una inyección	een injectie geven	[ɛn inj'eksi 'xɛvən]

ataque (m)	aanval (de)	['ānval]
amputación (f)	amputatie (de)	[ampʉ'tatsi]
amputar (vt)	amputeren	[ampʉ'terən]
coma (m)	coma (het)	['kɔma]
estar en coma	in coma liggen	[in 'kɔma 'lixən]
revitalización (f)	intensieve zorg, ICU (de)	[intən'sivə zɔrx], [isɛ'ju]

recuperarse (vr)	zich herstellen	[zix hɛr'ʃtɛlən]
estado (m) (de salud)	toestand (de)	['tustant]
consciencia (f)	bewustzijn (het)	[bə'wʉstsɛjn]
memoria (f)	geheugen (het)	[xə'høxən]

extraer (un diente)	trekken	['trɛkən]
empaste (m)	vulling (de)	['vʉliŋ]
empastar (vt)	vullen	['vʉlən]

| hipnosis (f) | hypnose (de) | ['hipnɔzə] |
| hipnotizar (vt) | hypnotiseren | [hipnɔti'zerən] |

67. La medicina. Las drogas. Los accesorios

medicamento (m), droga (f)	geneesmiddel (het)	[xə'nēsmidəl]
remedio (m)	middel (het)	['midəl]
prescribir (vt)	voorschrijven	['vōrsxrɛjvən]
receta (f)	recept (het)	[re'sɛpt]

tableta (f)	tablet (de/het)	[tab'lɛt]
ungüento (m)	zalf (de)	[zalf]
ampolla (f)	ampul (de)	[am'pʉl]
mixtura (f), mezcla (f)	drank (de)	[drank]
sirope (m)	siroop (de)	[si'rōp]
píldora (f)	pil (de)	[pil]
polvo (m)	poeder (de/het)	['pudər]

venda (f)	verband (het)	[vər'bant]
algodón (m) (discos de ~)	watten	['watən]
yodo (m)	jodium (het)	['jodijum]
tirita (f), curita (f)	pleister (de)	['plɛjstər]
pipeta (f)	pipet (de)	[pi'pɛt]
termómetro (m)	thermometer (de)	['tɛrmɔmetər]
jeringa (f)	spuit (de)	['spœyt]

| silla (f) de ruedas | rolstoel (de) | ['rɔl·stul] |
| muletas (f pl) | krukken | ['krʉkən] |

anestésico (m)	pijnstiller (de)	['pɛjn·stilər]
purgante (m)	laxeermiddel (het)	[la'ksēr·midəl]
alcohol (m)	spiritus (de)	['spiritʉs]
hierba (f) medicinal	medicinale kruiden	[mɛdisi'nalə krœydən]
de hierbas (té ~)	kruiden-	['krœydən]

EL APARTAMENTO

68. El apartamento

apartamento (m)	appartement (het)	[apartə'mɛnt]
habitación (f)	kamer (de)	['kamər]
dormitorio (m)	slaapkamer (de)	['slāp·kamər]
comedor (m)	eetkamer (de)	[ēt·'kamər]
salón (m)	salon (de)	[sa'lɔn]
despacho (m)	studeerkamer (de)	[stu'dēr·'kamər]
antecámara (f)	gang (de)	[xaŋ]
cuarto (m) de baño	badkamer (de)	['bat·kamər]
servicio (m)	toilet (het)	[tua'lɛt]
techo (m)	plafond (het)	[pla'fɔnt]
suelo (m)	vloer (de)	[vlur]
rincón (m)	hoek (de)	[huk]

69. Los muebles. El interior

muebles (m pl)	meubels	['møbəl]
mesa (f)	tafel (de)	['tafəl]
silla (f)	stoel (de)	[stul]
cama (f)	bed (het)	[bɛt]
sofá (m)	bankstel (het)	['bankstəl]
sillón (m)	fauteuil (de)	[fɔ'tøj]
librería (f)	boekenkast (de)	['bukən·kast]
estante (m)	boekenrek (het)	['bukən·rɛk]
armario (m)	kledingkast (de)	['klediŋ·kast]
percha (f)	kapstok (de)	['kapstɔk]
perchero (m) de pie	staande kapstok (de)	['stāndə 'kapstɔk]
cómoda (f)	commode (de)	[kɔ'mɔdə]
mesa (f) de café	salontafeltje (het)	[sa'lɔn·'tafəltʃə]
espejo (m)	spiegel (de)	['spixəl]
tapiz (m)	tapijt (het)	[ta'pɛjt]
alfombra (f)	tapijtje (het)	[ta'pɛjtʃə]
chimenea (f)	haard (de)	[hārt]
vela (f)	kaars (de)	[kārs]
candelero (m)	kandelaar (de)	['kandəlār]
cortinas (f pl)	gordijnen	[xɔr'dɛjnən]

empapelado (m)	behang (het)	[bə'haŋ]
estor (m) de láminas	jaloezie (de)	[jalu'zi]

lámpara (f) de mesa	bureaulamp (de)	[bʉ'rɔ·lamp]
aplique (m)	wandlamp (de)	['want·lamp]
lámpara (f) de pie	staande lamp (de)	['stãndə lamp]
lámpara (f) de araña	luchter (de)	['lʉxtər]

pata (f) (~ de la mesa)	poot (de)	[põt]
brazo (m)	armleuning (de)	[arm·'lønɪŋ]
espaldar (m)	rugleuning (de)	['rʉx·'lønɪŋ]
cajón (m)	la (de)	[la]

70. Los accesorios de cama

ropa (f) de cama	beddengoed (het)	['bɛdən·xut]
almohada (f)	kussen (het)	['kʉsən]
funda (f)	kussenovertrek (de)	['kʉsən·'ɔvərtrɛk]
manta (f)	deken (de)	['dekən]
sábana (f)	laken (het)	['lakən]
sobrecama (f)	sprei (de)	[sprɛj]

71. La cocina

cocina (f)	keuken (de)	['køkən]
gas (m)	gas (het)	[xas]
cocina (f) de gas	gasfornuis (het)	[xas·fɔr'nœys]
cocina (f) eléctrica	elektrisch fornuis (het)	[ɛ'lɛktris fɔr'nœys]
horno (m)	oven (de)	['ɔvən]
horno (m) microondas	magnetronoven (de)	['mahnətrɔn·'ɔvən]

frigorífico (m)	koelkast (de)	['kul·kast]
congelador (m)	diepvriezer (de)	[dip·'vrizər]
lavavajillas (m)	vaatwasmachine (de)	['vãtwas·ma'ʃinə]

picadora (f) de carne	vleesmolen (de)	['vlẽs·mɔlən]
exprimidor (m)	vruchtenpers (de)	['vrʉxtən·pɛrs]
tostador (m)	toaster (de)	['tõstər]
batidora (f)	mixer (de)	['miksər]

cafetera (f) (aparato de cocina)	koffiemachine (de)	['kɔfi·ma'ʃinə]
cafetera (f) (para servir)	koffiepot (de)	['kɔfi·pɔt]
molinillo (m) de café	koffiemolen (de)	['kɔfi·mɔlən]

hervidor (m) de agua	fluitketel (de)	['flœyt·'ketəl]
tetera (f)	theepot (de)	['tẽ·pɔt]
tapa (f)	deksel (de/het)	['dɛksəl]

colador (m) de té	theezeefje (het)	['tē·zefjə]
cuchara (f)	lepel (de)	['lepəl]
cucharilla (f)	theelepeltje (het)	[tē·'lepəltʃə]
cuchara (f) de sopa	eetlepel (de)	[ēt·'lepəl]
tenedor (m)	vork (de)	[vɔrk]
cuchillo (m)	mes (het)	[mɛs]

vajilla (f)	vaatwerk (het)	['vātwɛrk]
plato (m)	bord (het)	[bɔrt]
platillo (m)	schoteltje (het)	['sxɔteltʃə]

vaso (m) de chupito	likeurglas (het)	[li'kør·xlas]
vaso (m) (~ de agua)	glas (het)	[xlas]
taza (f)	kopje (het)	['kɔpjə]

azucarera (f)	suikerpot (de)	[sœykər·pɔt]
salero (m)	zoutvat (het)	['zaut·vat]
pimentero (m)	pepervat (het)	['pepər·vat]
mantequera (f)	boterschaaltje (het)	['bɔtər·'sxāltʃe]

cacerola (f)	pan (de)	[pan]
sartén (f)	bakpan (de)	['bak·pan]
cucharón (m)	pollepel (de)	[pɔl·'lepəl]
colador (m)	vergiet (de/het)	[vər'xit]
bandeja (f)	dienblad (het)	['dinblat]

botella (f)	fles (de)	[fles]
tarro (m) de vidrio	glazen pot (de)	['xlazən pɔt]
lata (f)	blik (het)	[blik]

abrebotellas (m)	flesopener (de)	[fles·'ɔpənər]
abrelatas (m)	blikopener (de)	[blik·'ɔpənər]
sacacorchos (m)	kurkentrekker (de)	['kurkən·'trɛkər]
filtro (m)	filter (de/het)	['filtər]
filtrar (vt)	filteren	['filtərən]

| basura (f) | huisvuil (het) | ['hœysvœyl] |
| cubo (m) de basura | vuilnisemmer (de) | ['vœylnis·'ɛmər] |

72. El baño

cuarto (m) de baño	badkamer (de)	['bat·kamər]
agua (f)	water (het)	['watər]
grifo (m)	kraan (de)	[krān]
agua (f) caliente	warm water (het)	[warm 'watər]
agua (f) fría	koud water (het)	['kaut 'watər]

pasta (f) de dientes	tandpasta (de)	['tand·pasta]
limpiarse los dientes	tanden poetsen	['tandən 'putsən]
cepillo (m) de dientes	tandenborstel (de)	['tandən·'bɔrstəl]

afeitarse (vr)	zich scheren	[zix 'sxerən]
espuma (f) de afeitar	scheercrème (de)	[sxēr·krɛ:m]
maquinilla (f) de afeitar	scheermes (het)	['sxēr·mɛs]
lavar (vt)	wassen	['wasən]
darse un baño	een bad nemen	[en bat 'nemən]
ducha (f)	douche (de)	[duʃ]
darse una ducha	een douche nemen	[en duʃ 'nemən]
bañera (f)	bad (het)	[bat]
inodoro (m)	toiletpot (de)	[tua'lɛt·pɔt]
lavabo (m)	wastafel (de)	['was·tafəl]
jabón (m)	zeep (de)	[zēp]
jabonera (f)	zeepbakje (het)	['zēp·bakjə]
esponja (f)	spons (de)	[spɔns]
champú (m)	shampoo (de)	['ʃʌmpō]
toalla (f)	handdoek (de)	['handuk]
bata (f) de baño	badjas (de)	['batjas]
colada (f), lavado (m)	was (de)	[was]
lavadora (f)	wasmachine (de)	['was·ma'ʃinə]
lavar la ropa	de was doen	[də was dun]
detergente (m) en polvo	waspoeder (de)	['was·'pudər]

73. Los aparatos domésticos

televisor (m)	televisie (de)	[telə'vizi]
magnetófono (m)	cassettespeler (de)	[ka'sɛtə·'spelər]
vídeo (m)	videorecorder (de)	['video·re'kɔrdər]
radio (m)	radio (de)	['radiɔ]
reproductor (m) (~ MP3)	speler (de)	['spelər]
proyector (m) de vídeo	videoprojector (de)	['video·prɔ'jektɔr]
sistema (m) home cinema	home theater systeem (het)	[hɔm te'jatər si'stēm]
reproductor (m) de DVD	DVD-speler (de)	[deve'de-'spelər]
amplificador (m)	versterker (de)	[vər'stɛrkər]
videoconsola (f)	spelconsole (de)	['spɛl·kɔn'sɔlə]
cámara (f) de vídeo	videocamera (de)	['video·'kaməra]
cámara (f) fotográfica	fotocamera (de)	['fɔto·'kaməra]
cámara (f) digital	digitale camera (de)	[dixi'talə 'kaməra]
aspirador (m), aspiradora (f)	stofzuiger (de)	['stɔf·zœyvxər]
plancha (f)	strijkijzer (het)	['strɛjk·ɛjzər]
tabla (f) de planchar	strijkplank (de)	['strɛjk·plank]
teléfono (m)	telefoon (de)	[telə'fōn]
teléfono (m) móvil	mobieltje (het)	[mɔ'biltʃe]

máquina (f) de escribir	**schrijfmachine (de)**	['sxrɛjf·ma'ʃinə]
máquina (f) de coser	**naaimachine (de)**	['nāj·ma'ʃinə]
micrófono (m)	**microfoon (de)**	[mikrɔ'fōn]
auriculares (m pl)	**koptelefoon (de)**	['kɔp·telə'fōn]
mando (m) a distancia	**afstandsbediening (de)**	['afstants·bə'diniŋ]
CD (m)	**CD (de)**	[se'de]
casete (m)	**cassette (de)**	[ka'sɛtə]
disco (m) de vinilo	**vinylplaat (de)**	[vi'nil·plāt]

T&P BOOKS

LA TIERRA. EL TIEMPO

T&P Books Publishing

cosmos (m)	**kosmos (de)**	['kɔsmɔs]
espacial, cósmico (adj)	**kosmisch**	['kɔsmis]
espacio (m) cósmico	**kosmische ruimte (de)**	['kɔsmisə 'rœɣmtə]
mundo (m)	**wereld (de)**	['werəlt]
universo (m)	**heelal (het)**	[hē'lal]
galaxia (f)	**sterrenstelsel (het)**	['stɛrən·'stɛlsəl]
estrella (f)	**ster (de)**	[stɛr]
constelación (f)	**sterrenbeeld (het)**	['stɛrən·bēlt]
planeta (m)	**planeet (de)**	[pla'nēt]
satélite (m)	**satelliet (de)**	[satə'lit]
meteorito (m)	**meteoriet (de)**	[meteɔ'rit]
cometa (m)	**komeet (de)**	[kɔ'mēt]
asteroide (m)	**asteroïde (de)**	[aste'rɔidə]
órbita (f)	**baan (de)**	[bān]
girar (vi)	**draaien**	['drājən]
atmósfera (f)	**atmosfeer (de)**	[atmɔ'sfēr]
Sol (m)	**Zon (de)**	[zɔn]
sistema (m) solar	**zonnestelsel (het)**	['zɔnə·stɛlsəl]
eclipse (m) de Sol	**zonsverduistering (de)**	['zɔns·vər'dœɣsteriŋ]
Tierra (f)	**Aarde (de)**	['ārdə]
Luna (f)	**Maan (de)**	[mān]
Marte (m)	**Mars (de)**	[mars]
Venus (f)	**Venus (de)**	['venʉs]
Júpiter (m)	**Jupiter (de)**	[jupi'tɛr]
Saturno (m)	**Saturnus (de)**	[sa'tʉrnʉs]
Mercurio (m)	**Mercurius (de)**	[mər'kʉrijus]
Urano (m)	**Uranus (de)**	[u'ranʉs]
Neptuno (m)	**Neptunus (de)**	[nep'tʉnʉs]
Plutón (m)	**Pluto (de)**	['plʉtɔ]
la Vía Láctea	**Melkweg (de)**	['mɛlk·wɛx]
la Osa Mayor	**Grote Beer (de)**	['xrɔtə bēr]
la Estrella Polar	**Poolster (de)**	['pōlstər]
marciano (m)	**marsmannetje (het)**	['mars·'manɛtʃə]
extraterrestre (m)	**buitenaards wezen (het)**	['bœɣtən·ārts 'wezən]

planetícola (m)	**bovenaards (het)**	['bovən·ārts]
platillo (m) volante	**vliegende schotel (de)**	['vlixəndə 'sxɔtəl]
nave (f) espacial	**ruimtevaartuig (het)**	['rœymtə·'vārtœyx]
estación (f) orbital	**ruimtestation (het)**	['rœymtə·sta'tsjɔn]
despegue (m)	**start (de)**	[start]
motor (m)	**motor (de)**	['mɔtɔr]
tobera (f)	**straalpijp (de)**	['strāl·pɛjp]
combustible (m)	**brandstof (de)**	['brandstɔf]
carlinga (f)	**cabine (de)**	[ka'binə]
antena (f)	**antenne (de)**	[an'tɛnə]
ventana (f)	**patrijspoort (de)**	[pa'trɛjs·pōrt]
batería (f) solar	**zonnebatterij (de)**	['zɔnə·batə'rɛj]
escafandra (f)	**ruimtepak (het)**	['rœymtə·pak]
ingravidez (f)	**gewichtloosheid (de)**	[xə'wixtlō'shɛjt]
oxígeno (m)	**zuurstof (de)**	['zūrstɔf]
atraque (m)	**koppeling (de)**	['kɔpəliŋ]
realizar el atraque	**koppeling maken**	['kɔpəliŋ 'makən]
observatorio (m)	**observatorium (het)**	[ɔbsərva'tɔrijum]
telescopio (m)	**telescoop (de)**	[telə'skōp]
observar (vt)	**waarnemen**	['wārnemən]
explorar (~ el universo)	**exploreren**	[ɛksplo'rerən]

75. La tierra

Tierra (f)	**Aarde (de)**	['ārdə]
globo (m) terrestre	**aardbol (de)**	['ārd·bɔl]
planeta (m)	**planeet (de)**	[pla'nēt]
atmósfera (f)	**atmosfeer (de)**	[atmɔ'sfēr]
geografía (f)	**aardrijkskunde (de)**	['ārdrɛjkskʉndə]
naturaleza (f)	**natuur (de)**	[na'tūr]
globo (m) terráqueo	**wereldbol (de)**	['werəld·bɔl]
mapa (m)	**kaart (de)**	[kārt]
atlas (m)	**atlas (de)**	['atlas]
Europa (f)	**Europa (het)**	[ø'rɔpa]
Asia (f)	**Azië (het)**	['āzijə]
África (f)	**Afrika (het)**	['afrika]
Australia (f)	**Australië (het)**	[ɔu'straliə]
América (f)	**Amerika (het)**	[a'merika]
América (f) del Norte	**Noord-Amerika (het)**	[nōrd-a'merika]
América (f) del Sur	**Zuid-Amerika (het)**	['zœyd-a'merika]

| Antártida (f) | Antarctica (het) | [an'tarktika] |
| Ártico (m) | Arctis (de) | ['arktis] |

76. Los puntos cardinales

norte (m)	noorden (het)	['nōrdən]
al norte	naar het noorden	[nār ət 'nōrdən]
en el norte	in het noorden	[in ət 'nōrdən]
del norte (adj)	noordelijk	['nōrdələk]

sur (m)	zuiden (het)	['zœʏdən]
al sur	naar het zuiden	[nār ət zœʏdən]
en el sur	in het zuiden	[in ət 'zœʏdən]
del sur (adj)	zuidelijk	['zœʏdələk]

oeste (m)	westen (het)	['wɛstən]
al oeste	naar het westen	[nār ət 'wɛstən]
en el oeste	in het westen	[in ət 'wɛstən]
del oeste (adj)	westelijk	['wɛstələk]

este (m)	oosten (het)	['ōstən]
al este	naar het oosten	[nār ət 'ōstən]
en el este	in het oosten	[in ət 'ōstən]
del este (adj)	oostelijk	['ōstələk]

77. El mar. El océano

mar (m)	zee (de)	[zē]
océano (m)	oceaan (de)	[ɔse'ān]
golfo (m)	golf (de)	[xɔlf]
estrecho (m)	straat (de)	[strāt]

tierra (f) firme	grond (de)	['xrɔnt]
continente (m)	continent (het)	[kɔnti'nɛnt]
isla (f)	eiland (het)	['ɛjlant]
península (f)	schiereiland (het)	['sxir·ɛjlant]
archipiélago (m)	archipel (de)	[arxipɛl]

bahía (f)	baai, bocht (de)	[bāj], [bɔxt]
ensenada, bahía (f)	haven (de)	['havən]
laguna (f)	lagune (de)	[la'xʉnə]
cabo (m)	kaap (de)	[kāp]

atolón (m)	atol (de)	[a'tɔl]
arrecife (m)	rif (het)	[rif]
coral (m)	koraal (het)	[kɔ'rāl]
arrecife (m) de coral	koraalrif (het)	[kɔ'rāl·rif]
profundo (adj)	diep	[dip]

profundidad (f)	**diepte (de)**	['diptə]
abismo (m)	**diepzee (de)**	[dip·zē]
fosa (f) oceánica	**trog (de)**	[trɔx]
corriente (f)	**stroming (de)**	['strɔmiŋ]
bañar (rodear)	**omspoelen**	['ɔmspulən]
orilla (f)	**oever (de)**	['uvər]
costa (f)	**kust (de)**	[kʉst]
flujo (m)	**vloed (de)**	['vlut]
reflujo (m)	**eb (de)**	[ɛb]
banco (m) de arena	**ondiepte (de)**	[ɔn'diptə]
fondo (m)	**bodem (de)**	['bɔdəm]
ola (f)	**golf (de)**	[xɔlf]
cresta (f) de la ola	**golfkam (de)**	['xɔlfkam]
espuma (f)	**schuim (het)**	['sxœʏm]
tempestad (f)	**storm (de)**	[stɔrm]
huracán (m)	**orkaan (de)**	[ɔr'kān]
tsunami (m)	**tsunami (de)**	[tsʉ'nami]
bonanza (f)	**windstilte (de)**	['wind·stiltə]
calmo, tranquilo	**kalm**	[kalm]
polo (m)	**pool (de)**	[pōl]
polar (adj)	**polair**	[pɔ'lɛr]
latitud (f)	**breedtegraad (de)**	['brētə·xrāt]
longitud (f)	**lengtegraad (de)**	['lɛŋtə·xrāt]
paralelo (m)	**parallel (de)**	[para'lɛl]
ecuador (m)	**evenaar (de)**	['ɛvənār]
cielo (m)	**hemel (de)**	['heməl]
horizonte (m)	**horizon (de)**	['hɔrizɔn]
aire (m)	**lucht (de)**	[lʉxt]
faro (m)	**vuurtoren (de)**	['vūr·tɔrən]
bucear (vi)	**duiken**	['dœʏkən]
hundirse (vr)	**zinken**	['zinkən]
tesoros (m pl)	**schatten**	['sxatən]

78. Los nombres de los mares y los océanos

océano (m) Atlántico	**Atlantische Oceaan (de)**	[at'lantisə ɔse'ān]
océano (m) Índico	**Indische Oceaan (de)**	['indisə ɔse'ān]
océano (m) Pacífico	**Stille Oceaan (de)**	['stilə ɔse'ān]
océano (m) Glacial Ártico	**Noordelijke IJszee (de)**	['nōrdələkə 'ɛjs·zē]
mar (m) Negro	**Zwarte Zee (de)**	['zwartə zē]
mar (m) Rojo	**Rode Zee (de)**	['rodə zē]

mar (m) Amarillo	**Gele Zee (de)**	['xelə zē]
mar (m) Blanco	**Witte Zee (de)**	['witə zē]
mar (m) Caspio	**Kaspische Zee (de)**	['kaspisə zē]
mar (m) Muerto	**Dode Zee (de)**	['dodə zē]
mar (m) Mediterráneo	**Middellandse Zee (de)**	['midəlandsə zē]
mar (m) Egeo	**Egeïsche Zee (de)**	[ɛ'xejsə zē]
mar (m) Adriático	**Adriatische Zee (de)**	[adri'atisə zē]
mar (m) Arábigo	**Arabische Zee (de)**	[a'rabisə zē]
mar (m) del Japón	**Japanse Zee (de)**	[ja'pansə zē]
mar (m) de Bering	**Beringzee (de)**	['beriŋ·zē]
mar (m) de la China Meridional	**Zuid-Chinese Zee (de)**	['zœyd-ʃi'nesə zē]
mar (m) del Coral	**Koraalzee (de)**	[kɔ'rāl·zē]
mar (m) de Tasmania	**Tasmanzee (de)**	['tasman·zē]
mar (m) Caribe	**Caribische Zee (de)**	[ka'ribisə zē]
mar (m) de Barents	**Barentszzee (de)**	['barənts·zē]
mar (m) de Kara	**Karische Zee (de)**	['karisə zē]
mar (m) del Norte	**Noordzee (de)**	['nōrd·zē]
mar (m) Báltico	**Baltische Zee (de)**	['baltisə zē]
mar (m) de Noruega	**Noorse Zee (de)**	['nōrsə zē]

79. Las montañas

montaña (f)	**berg (de)**	[bɛrx]
cadena (f) de montañas	**bergketen (de)**	['bɛrx·'ketən]
cresta (f) de montañas	**gebergte (het)**	[xə'bɛrxtə]
cima (f)	**bergtop (de)**	['bɛrx·tɔp]
pico (m)	**bergpiek (de)**	['bɛrx·pik]
pie (m)	**voet (de)**	[vut]
cuesta (f)	**helling (de)**	['heliŋ]
volcán (m)	**vulkaan (de)**	[vʉl'kān]
volcán (m) activo	**actieve vulkaan (de)**	[ak'tivə vʉl'kān]
volcán (m) apagado	**uitgedoofde vulkaan (de)**	['œytxədōfdə vyl'kān]
erupción (f)	**uitbarsting (de)**	['œytbarstiŋ]
cráter (m)	**krater (de)**	['kratər]
magma (m)	**magma (het)**	['maxma]
lava (f)	**lava (de)**	['lava]
fundido (lava ~a)	**gloeiend**	['xlʉjənt]
cañón (m)	**kloof (de)**	[klōf]
desfiladero (m)	**bergkloof (de)**	['bɛrx·klōf]

grieta (f)	**spleet (de)**	[splet]
precipicio (m)	**afgrond (de)**	['afxrɔnt]
puerto (m) (paso)	**bergpas (de)**	['bɛrx·pas]
meseta (f)	**plateau (het)**	[pla'to]
roca (f)	**klip (de)**	[klip]
colina (f)	**heuvel (de)**	['høvəl]
glaciar (m)	**gletsjer (de)**	['xletʃər]
cascada (f)	**waterval (de)**	['watər·val]
geiser (m)	**geiser (de)**	['xɛjzər]
lago (m)	**meer (het)**	[mēr]
llanura (f)	**vlakte (de)**	['vlaktə]
paisaje (m)	**landschap (het)**	['landsxap]
eco (m)	**echo (de)**	['ɛxɔ]
alpinista (m)	**alpinist (de)**	[alpi'nist]
escalador (m)	**bergbeklimmer (de)**	['bɛrx·bə'klimər]
conquistar (vt)	**trotseren**	[trɔ'tserən]
ascensión (f)	**beklimming (de)**	[bə'klimiŋ]

80. Los nombres de las montañas

Alpes (m pl)	**Alpen (de)**	['alpən]
Montblanc (m)	**Mont Blanc (de)**	[mɔn blan]
Pirineos (m pl)	**Pyreneeën (de)**	[pirə'nēən]
Cárpatos (m pl)	**Karpaten (de)**	[kar'patən]
Urales (m pl)	**Oeralgebergte (het)**	[ural·xə'bɛrxtə]
Cáucaso (m)	**Kaukasus (de)**	[kau'kazʉs]
Elbrus (m)	**Elbroes (de)**	[ɛlb'rus]
Altai (m)	**Altaj (de)**	[al'taj]
Tian-Shan (m)	**Tiensjan (de)**	[ti'enɕan]
Pamir (m)	**Pamir (de)**	[pa'mir]
Himalayos (m pl)	**Himalaya (de)**	[hima'laja]
Everest (m)	**Everest (de)**	['ɛverɛst]
Andes (m pl)	**Andes (de)**	['andɛs]
Kilimanjaro (m)	**Kilimanjaro (de)**	[kiliman'dʒarɔ]

81. Los ríos

río (m)	**rivier (de)**	[ri'vir]
manantial (m)	**bron (de)**	[brɔn]
lecho (m) (curso de agua)	**rivierbedding (de)**	[ri'vir·'bɛdiŋ]
cuenca (f) fluvial	**rivierbekken (het)**	[ri'vir·'bɛkən]

desembocar en ...	**uitmonden in ...**	['œytmɔndən in]
afluente (m)	**zijrivier (de)**	[zɛj·ri'vir]
ribera (f)	**oever (de)**	['uvər]

corriente (f)	**stroming (de)**	['strɔmiŋ]
río abajo (adv)	**stroomafwaarts**	[strōm·'afwãrts]
río arriba (adv)	**stroomopwaarts**	[strōm·'ɔpwãrts]

inundación (f)	**overstroming (de)**	[ɔvər'strɔmiŋ]
riada (f)	**overstroming (de)**	[ɔvər'strɔmiŋ]
desbordarse (vr)	**buiten zijn**	['bœytən zɛjn
	oevers treden	'uvərs 'trɛdən]
inundar (vt)	**overstromen**	[ɔvər'strɔmən]

bajo (m) arenoso	**zandbank (de)**	['zant·bank]
rápido (m)	**stroomversnelling (de)**	[strōm·vər'sneliŋ]

presa (f)	**dam (de)**	[dam]
canal (m)	**kanaal (het)**	[ka'nāl]
lago (m) artificiale	**spaarbekken (het)**	['spār·bɛkən]
esclusa (f)	**sluis (de)**	['slœys]

cuerpo (m) de agua	**waterlichaam (het)**	['watər·'lixām]
pantano (m)	**moeras (het)**	[mu'ras]
ciénaga (f)	**broek (het)**	[bruk]
remolino (m)	**draaikolk (de)**	['drāj·kɔlk]

arroyo (m)	**stroom (de)**	[strōm]
potable (adj)	**drink-**	[drink]
dulce (agua ~)	**zoet**	[zut]

hielo (m)	**ijs (het)**	[ɛjs]
helarse (el lago, etc.)	**bevriezen**	[bə'vrizən]

82. Los nombres de los ríos

Sena (m)	**Seine (de)**	['sɛjnə]
Loira (m)	**Loire (de)**	[lu'arə]

Támesis (m)	**Theems (de)**	['tɛjms]
Rin (m)	**Rijn (de)**	['rɛjn]
Danubio (m)	**Donau (de)**	['dɔnau]

Volga (m)	**Wolga (de)**	['wɔlxa]
Don (m)	**Don (de)**	[dɔn]
Lena (m)	**Lena (de)**	['lena]

Río (m) Amarillo	**Gele Rivier (de)**	['xelə ri'vir]
Río (m) Azul	**Blauwe Rivier (de)**	['blauə ri'vir]
Mekong (m)	**Mekong (de)**	[me'kɔŋ]

Ganges (m)	**Ganges (de)**	['xaŋəs]
Nilo (m)	**Nijl (de)**	['nɛjl]
Congo (m)	**Kongo (de)**	['kɔnxɔ]
Okavango (m)	**Okavango (de)**	[ɔka'vanxɔ]
Zambeze (m)	**Zambezi (de)**	[zam'bezi]
Limpopo (m)	**Limpopo (de)**	[lim'pɔpɔ]
Misisipi (m)	**Mississippi (de)**	[misi'sipi]

83. El bosque

bosque (m)	**bos (het)**	[bɔs]
de bosque (adj)	**bos-**	[bɔs]
espesura (f)	**oerwoud (het)**	['urwaut]
bosquecillo (m)	**bosje (het)**	['bɔɕə]
claro (m)	**open plek (de)**	['ɔpən plek]
maleza (f)	**struikgewas (het)**	['strœɐ̯k·xə'was]
matorral (m)	**struiken**	['strœɐ̯kən]
senda (f)	**paadje (het)**	['pādjə]
barranco (m)	**ravijn (het)**	[ra'vɛjn]
árbol (m)	**boom (de)**	[bōm]
hoja (f)	**blad (het)**	[blat]
follaje (m)	**gebladerte (het)**	[xə'bladərtə]
caída (f) de hojas	**vallende bladeren**	['valəndə 'bladerən]
caer (las hojas)	**vallen**	['valən]
cima (f)	**boomtop (de)**	['bōm·tɔp]
rama (f)	**tak (de)**	[tak]
rama (f) (gruesa)	**ent (de)**	[ɛnt]
brote (m)	**knop (de)**	[knɔp]
aguja (f)	**naald (de)**	[nālt]
piña (f)	**dennenappel (de)**	['dɛnən·'apəl]
agujero (m)	**boom holte (de)**	[bōm 'hɔltə]
nido (m)	**nest (het)**	[nɛst]
tronco (m)	**stam (de)**	[stam]
raíz (f)	**wortel (de)**	['wɔrtəl]
corteza (f)	**schors (de)**	[sxɔrs]
musgo (m)	**mos (het)**	[mɔs]
extirpar (vt)	**ontwortelen**	[ɔnt'wɔrtələn]
talar (vt)	**kappen**	['kapən]
deforestar (vt)	**ontbossen**	[ɔn'bɔsən]
tocón (m)	**stronk (de)**	[strɔnk]
hoguera (f)	**kampvuur (het)**	['kampvūr]

incendio (m) forestal	**bosbrand (de)**	['bɔs·brant]
apagar (~ el incendio)	**blussen**	['blʉsən]
guarda (m) forestal	**boswachter (de)**	[bɔs·'waxtər]
protección (f)	**bescherming (de)**	[bə'sxɛrmiŋ]
proteger (vt)	**beschermen**	[bə'sxɛrmən]
cazador (m) furtivo	**stroper (de)**	['strɔpər]
cepo (m)	**val (de)**	[val]
recoger (setas, bayas)	**plukken**	['plʉkən]
perderse (vr)	**verdwalen**	[vərd'walən]
	(de weg kwijt zijn)	

84. Los recursos naturales

recursos (m pl) naturales	**natuurlijke rijkdommen**	[na'tʉrləkə 'rɛjkdɔmən]
recursos (m pl) subterráneos	**delfstoffen**	['dɛlfstɔfən]
depósitos (m pl)	**lagen**	['laxən]
yacimiento (m)	**veld (het)**	[vɛlt]
extraer (vt)	**winnen**	['winən]
extracción (f)	**winning (de)**	['winiŋ]
mena (f)	**erts (het)**	[ɛrts]
mina (f)	**mijn (de)**	[mɛjn]
pozo (m) de mina	**mijnschacht (de)**	['mɛjn·sxaxt]
minero (m)	**mijnwerker (de)**	['mɛjn·wɛrkər]
gas (m)	**gas (het)**	[xas]
gasoducto (m)	**gasleiding (de)**	[xas·'lɛjdiŋ]
petróleo (m)	**olie (de)**	['ɔli]
oleoducto (m)	**olieleiding (de)**	['ɔli·'lɛjdiŋ]
pozo (m) de petróleo	**oliebron (de)**	['ɔli·brɔn]
torre (f) de sondeo	**boortoren (de)**	[bōr·'tɔrən]
petrolero (m)	**tanker (de)**	['tankər]
arena (f)	**zand (het)**	[zant]
caliza (f)	**kalksteen (de)**	['kalkstēn]
grava (f)	**grind (het)**	[xrint]
turba (f)	**veen (het)**	[vēn]
arcilla (f)	**klei (de)**	[klɛj]
carbón (m)	**steenkool (de)**	['stēn·kōl]
hierro (m)	**ijzer (het)**	['ɛjzər]
oro (m)	**goud (het)**	['xaut]
plata (f)	**zilver (het)**	['zilvər]
níquel (m)	**nikkel (het)**	['nikəl]
cobre (m)	**koper (het)**	['kɔpər]
zinc (m)	**zink (het)**	[zink]
manganeso (m)	**mangaan (het)**	[man'xān]

| mercurio (m) | kwik (het) | ['kwik] |
| plomo (m) | lood (het) | [lōt] |

mineral (m)	mineraal (het)	[minə'rāl]
cristal (m)	kristal (het)	[kris'tal]
mármol (m)	marmer (het)	['marmər]
uranio (m)	uraan (het)	[ju'rān]

85. El tiempo

tiempo (m)	weer (het)	[wēr]
previsión (f) del tiempo	weersvoorspelling (de)	['wērs·vōr'spɛliŋ]
temperatura (f)	temperatuur (de)	[tɛmpəra'tūr]
termómetro (m)	thermometer (de)	['tɛrmometər]
barómetro (m)	barometer (de)	['barɔ'metər]

húmedo (adj)	vochtig	['vɔhtəx]
humedad (f)	vochtigheid (de)	['vɔhtixhɛjt]
bochorno (m)	hitte (de)	['hitə]
tórrido (adj)	heet	[hēt]
hace mucho calor	het is heet	[ət is hēt]

| hace calor (templado) | het is warm | [ət is warm] |
| templado (adj) | warm | [warm] |

| hace frío | het is koud | [ət is 'kaut] |
| frío (adj) | koud | ['kaut] |

sol (m)	zon (de)	[zɔn]
brillar (vi)	schijnen	['sxɛjnən]
soleado (un día ~)	zonnig	['zɔnɛx]
elevarse (el sol)	opgaan	['ɔpxān]
ponerse (vr)	ondergaan	['ɔndərxān]

nube (f)	wolk (de)	[wɔlk]
nuboso (adj)	bewolkt	[bə'wɔlkt]
nubarrón (m)	regenwolk (de)	['rexən·wɔlk]
nublado (adj)	somber	['sɔmbər]

lluvia (f)	regen (de)	['rexən]
está lloviendo	het regent	[ət 'rexənt]
lluvioso (adj)	regenachtig	['rexənaxtəx]
lloviznar (vi)	motregenen	['mɔtrexənən]

aguacero (m)	plensbui (de)	['plɛnsbœy]
chaparrón (m)	stortbui (de)	['stɔrt·bœy]
fuerte (la lluvia ~)	hard	[hart]
charco (m)	plas (de)	[plas]
mojarse (vr)	nat worden	[nat 'wɔrdən]
niebla (f)	mist (de)	[mist]

nebuloso (adj)	mistig	['mistəx]
nieve (f)	sneeuw (de)	[snēw]
está nevando	het sneeuwt	[ət 'snēwt]

86. Los eventos climáticos severos. Los desastres naturales

tormenta (f)	noodweer (het)	['nɔtwer]
relámpago (m)	bliksem (de)	['bliksəm]
relampaguear (vi)	flitsen	['flitsən]
trueno (m)	donder (de)	['dɔndər]
tronar (vi)	donderen	['dɔndərən]
está tronando	het dondert	[ət 'dɔndərt]
granizo (m)	hagel (de)	['haxəl]
está granizando	het hagelt	[ət 'haxəlt]
inundar (vt)	overstromen	[ɔvər'strɔmən]
inundación (f)	overstroming (de)	[ɔvər'strɔmiŋ]
terremoto (m)	aardbeving (de)	['ārd·beviŋ]
sacudida (f)	aardschok (de)	['ārd·sxɔk]
epicentro (m)	epicentrum (het)	[ɛpi'sɛntrʉm]
erupción (f)	uitbarsting (de)	['œytbarstiŋ]
lava (f)	lava (de)	['lava]
torbellino (m)	wervelwind (de)	['wɛrvəl·vint]
tornado (m)	windhoos (de)	['windhōs]
tifón (m)	tyfoon (de)	[taj'fōn]
huracán (m)	orkaan (de)	[ɔr'kān]
tempestad (f)	storm (de)	[stɔrm]
tsunami (m)	tsunami (de)	[tsʉ'nami]
ciclón (m)	cycloon (de)	[si'klōn]
mal tiempo (m)	onweer (het)	['ɔnwēr]
incendio (m)	brand (de)	[brant]
catástrofe (f)	ramp (de)	[ramp]
meteorito (m)	meteoriet (de)	[meteɔ'rit]
avalancha (f)	lawine (de)	[la'winə]
alud (m) de nieve	sneeuwverschuiving (de)	['snēw·'fɛrsxœyviŋ]
ventisca (f)	sneeuwjacht (de)	['snēw·jaxt]
nevasca (f)	sneeuwstorm (de)	['snēw·stɔrm]

T&P BOOKS

LA FAUNA

T&P Books Publishing

carnívoro (m)	**roofdier (het)**	['rŏf·dīr]
tigre (m)	**tijger (de)**	['tɛjxər]
león (m)	**leeuw (de)**	[lēw]
lobo (m)	**wolf (de)**	[wɔlf]
zorro (m)	**vos (de)**	[vɔs]
jaguar (m)	**jaguar (de)**	['jaguar]
leopardo (m)	**luipaard (de)**	['lœɣpārt]
guepardo (m)	**jachtluipaard (de)**	['jaxt·lœɣpārt]
pantera (f)	**panter (de)**	['pantər]
puma (f)	**poema (de)**	['puma]
leopardo (m) de las nieves	**sneeuwluipaard (de)**	['snēw·lœɣpārt]
lince (m)	**lynx (de)**	[links]
coyote (m)	**coyote (de)**	[kɔ'jot]
chacal (m)	**jakhals (de)**	['jakhals]
hiena (f)	**hyena (de)**	[hi'ena]

animal (m)	**dier (het)**	[dīr]
bestia (f)	**beest (het)**	[bēst]
ardilla (f)	**eekhoorn (de)**	['ēkhŏrn]
erizo (m)	**egel (de)**	['exəl]
liebre (f)	**haas (de)**	[hās]
conejo (m)	**konijn (het)**	[kɔ'nɛjn]
tejón (m)	**das (de)**	[das]
mapache (m)	**wasbeer (de)**	['wasbēr]
hámster (m)	**hamster (de)**	['hamstər]
marmota (f)	**marmot (de)**	[mar'mɔt]
topo (m)	**mol (de)**	[mɔl]
ratón (m)	**muis (de)**	[mœɣs]
rata (f)	**rat (de)**	[rat]
murciélago (m)	**vleermuis (de)**	['vlēr·mœɣs]
armiño (m)	**hermelijn (de)**	[hɛrmə'lɛjn]
cebellina (f)	**sabeldier (het)**	['sabəl·dīr]
marta (f)	**marter (de)**	['martər]

comadreja (f)	**wezel (de)**	['wezəl]
visón (m)	**nerts (de)**	[nɛrts]
castor (m)	**bever (de)**	['bɛvər]
nutria (f)	**otter (de)**	['ɔtər]
caballo (m)	**paard (het)**	[pārt]
alce (m)	**eland (de)**	['ɛlant]
ciervo (m)	**hert (het)**	[hɛrt]
camello (m)	**kameel (de)**	[ka'mēl]
bisonte (m)	**bizon (de)**	[bi'zɔn]
uro (m)	**wisent (de)**	['wĭzɛnt]
búfalo (m)	**buffel (de)**	['bʉfəl]
cebra (f)	**zebra (de)**	['zɛbra]
antílope (m)	**antilope (de)**	[anti'lɔpə]
corzo (m)	**ree (de)**	[rē]
gamo (m)	**damhert (het)**	['damhɛrt]
gamuza (f)	**gems (de)**	[xɛms]
jabalí (m)	**everzwijn (het)**	['ɛvər·zwɛjn]
ballena (f)	**walvis (de)**	['walvis]
foca (f)	**rob (de)**	[rɔb]
morsa (f)	**walrus (de)**	['walrʉs]
oso (m) marino	**zeebeer (de)**	['zē·bēr]
delfín (m)	**dolfijn (de)**	[dɔl'fɛjn]
oso (m)	**beer (de)**	[bēr]
oso (m) blanco	**ijsbeer (de)**	['ɛjs·bēr]
panda (f)	**panda (de)**	['panda]
mono (m)	**aap (de)**	[āp]
chimpancé (m)	**chimpansee (de)**	[ʃimpan'sē]
orangután (m)	**orang-oetan (de)**	[ɔ'raŋ-utaŋ]
gorila (m)	**gorilla (de)**	[xɔ'rila]
macaco (m)	**makaak (de)**	[ma'kāk]
gibón (m)	**gibbon (de)**	['xibɔn]
elefante (m)	**olifant (de)**	['ɔlifant]
rinoceronte (m)	**neushoorn (de)**	['nøshōrn]
jirafa (f)	**giraffe (de)**	[xi'rafə]
hipopótamo (m)	**nijlpaard (het)**	['nɛjl·pārt]
canguro (m)	**kangoeroe (de)**	['kanxəru]
koala (f)	**koala (de)**	[kɔ'ala]
mangosta (f)	**mangoest (de)**	[man'xust]
chinchilla (f)	**chinchilla (de)**	[ʃin'ʃila]
mofeta (f)	**stinkdier (het)**	['stink·dīr]
espín (m)	**stekelvarken (het)**	['stekəl·'varkən]

89. Los animales domésticos

gata (f)	poes (de)	[pus]
gato (m)	kater (de)	['katər]
perro (m)	hond (de)	[hɔnt]
caballo (m)	paard (het)	[pãrt]
garañón (m)	hengst (de)	[hɛŋst]
yegua (f)	merrie (de)	['mɛri]
vaca (f)	koe (de)	[ku]
toro (m)	bul, stier (de)	[bʉl], [stir]
buey (m)	os (de)	[ɔs]
oveja (f)	schaap (het)	[sxãp]
carnero (m)	ram (de)	[ram]
cabra (f)	geit (de)	[xɛjt]
cabrón (m)	bok (de)	[bɔk]
asno (m)	ezel (de)	['ezəl]
mulo (m)	muilezel (de)	[mœʏlezəl]
cerdo (m)	varken (het)	['varkən]
cerdito (m)	biggetje (het)	['bixətʃə]
conejo (m)	konijn (het)	[kɔ'nɛjn]
gallina (f)	kip (de)	[kip]
gallo (m)	haan (de)	[hãn]
pato (m)	eend (de)	[ēnt]
ánade (m)	woerd (de)	[wurt]
ganso (m)	gans (de)	[xans]
pavo (m)	kalkoen haan (de)	[kal'kun hãn]
pava (f)	kalkoen (de)	[kal'kun]
animales (m pl) domésticos	huisdieren	['hœʏs·'dīrən]
domesticado (adj)	tam	[tam]
domesticar (vt)	temmen, tam maken	['tɛmən], [tam 'makən]
criar (vt)	fokken	['fɔkən]
granja (f)	boerderij (de)	[burdə'rɛj]
aves (f pl) de corral	gevogelte (het)	[xə'vɔxəltə]
ganado (m)	rundvee (het)	['rʉntvē]
rebaño (m)	kudde (de)	['kʉdə]
caballeriza (f)	paardenstal (de)	['pãrdən·stal]
porqueriza (f)	zwijnenstal (de)	['zwɛjnən·stal]
vaquería (f)	koeienstal (de)	['kujen·stal]
conejal (m)	konijnenhok (het)	[kɔ'nɛjnən·hɔk]
gallinero (m)	kippenhok (het)	['kipən·hɔk]

90. Los pájaros

pájaro (m)	vogel (de)	['vɔxəl]
paloma (f)	duif (de)	['dœyf]
gorrión (m)	mus (de)	[mʉs]
carbonero (m)	koolmees (de)	['kōlmēs]
urraca (f)	ekster (de)	['ɛkstər]
cuervo (m)	raaf (de)	[rāf]
corneja (f)	kraai (de)	[krāj]
chova (f)	kauw (de)	['kau]
grajo (m)	roek (de)	[ruk]
pato (m)	eend (de)	[ēnt]
ganso (m)	gans (de)	[xans]
faisán (m)	fazant (de)	[fa'zant]
águila (f)	arend (de)	['arənt]
azor (m)	havik (de)	['havik]
halcón (m)	valk (de)	[valk]
buitre (m)	gier (de)	[xir]
cóndor (m)	condor (de)	['kɔndɔr]
cisne (m)	zwaan (de)	[zwān]
grulla (f)	kraanvogel (de)	['krān·vɔxəl]
cigüeña (f)	ooievaar (de)	['ōjevār]
loro (m), papagayo (m)	papegaai (de)	[papə'xāj]
colibrí (m)	kolibrie (de)	[kɔ'libri]
pavo (m) real	pauw (de)	['pau]
avestruz (m)	struisvogel (de)	['strœys·vɔxəl]
garza (f)	reiger (de)	['rɛjxər]
flamenco (m)	flamingo (de)	[fla'mingɔ]
pelícano (m)	pelikaan (de)	[peli'kān]
ruiseñor (m)	nachtegaal (de)	['nahtəxāl]
golondrina (f)	zwaluw (de)	['zwalʉv]
tordo (m)	lijster (de)	['lɛjstər]
zorzal (m)	zanglijster (de)	[zaŋ·'lɛjstər]
mirlo (m)	merel (de)	['merəl]
vencejo (m)	gierzwaluw (de)	[xirz'walʉw]
alondra (f)	leeuwerik (de)	['lēwərik]
codorniz (f)	kwartel (de)	['kwartəl]
pájaro carpintero (m)	specht (de)	[spɛxt]
cuco (m)	koekoek (de)	['kukuk]
lechuza (f)	uil (de)	['œyl]
búho (m)	oehoe (de)	['uhu]

urogallo (m)	auerhoen (het)	['auər·hun]
gallo lira (m)	korhoen (het)	['kɔrhun]
perdiz (f)	patrijs (de)	[pa'trɛjs]

estornino (m)	spreeuw (de)	[sprēw]
canario (m)	kanarie (de)	[ka'nari]
ortega (f)	hazelhoen (het)	['hazəlhun]
pinzón (m)	vink (de)	[vink]
camachuelo (m)	goudvink (de)	['xaudvink]

gaviota (f)	meeuw (de)	[mēw]
albatros (m)	albatros (de)	[albatrɔs]
pingüino (m)	pinguïn (de)	['piŋgwin]

91. Los peces. Los animales marinos

brema (f)	brasem (de)	['brasəm]
carpa (f)	karper (de)	['karpər]
perca (f)	baars (de)	[bārs]
siluro (m)	meerval (de)	['mērval]
lucio (m)	snoek (de)	[snuk]

| salmón (m) | zalm (de) | [zalm] |
| esturión (m) | steur (de) | ['stør] |

arenque (m)	haring (de)	['hariŋ]
salmón (m) del Atlántico	atlantische zalm (de)	[at'lantisə zalm]
caballa (f)	makreel (de)	[ma'krēl]
lenguado (m)	platvis (de)	['platvis]

lucioperca (f)	snoekbaars (de)	['snukbārs]
bacalao (m)	kabeljauw (de)	[kabə'ljau]
atún (m)	tonijn (de)	[tɔ'nɛjn]
trucha (f)	forel (de)	[fɔ'rɛl]

anguila (f)	paling (de)	[pa'liŋ]
raya (f) eléctrica	sidderrog (de)	['sidər·rɔx]
morena (f)	murene (de)	[mʉ'rɛnə]
piraña (f)	piranha (de)	[pi'ranja]

tiburón (m)	haai (de)	[hāj]
delfín (m)	dolfijn (de)	[dɔl'fɛjn]
ballena (f)	walvis (de)	['walvis]

centolla (f)	krab (de)	[krab]
medusa (f)	kwal (de)	['kwal]
pulpo (m)	octopus (de)	['ɔktɔpʉs]

| estrella (f) de mar | zeester (de) | ['zē·stər] |
| erizo (m) de mar | zee-egel (de) | [zē-'exəl] |

caballito (m) de mar	zeepaardje (het)	['zē·pãrtjə]
ostra (f)	oester (de)	['ustər]
camarón (m)	garnaal (de)	[xar'nãl]
bogavante (m)	kreeft (de)	[krēft]
langosta (f)	langoest (de)	[lan'xust]

92. Los anfibios. Los reptiles

serpiente (f)	slang (de)	[slaŋ]
venenoso (adj)	giftig	['xiftəx]
víbora (f)	adder (de)	['adər]
cobra (f)	cobra (de)	['kɔbra]
pitón (m)	python (de)	['pitɔn]
boa (f)	boa (de)	['bɔa]
culebra (f)	ringslang (de)	['riŋ·slaŋ]
serpiente (m) de cascabel	ratelslang (de)	['ratəl·slaŋ]
anaconda (f)	anaconda (de)	[ana'kɔnda]
lagarto (m)	hagedis (de)	['haxədis]
iguana (f)	leguaan (de)	[lexʉ'ãn]
varano (m)	varaan (de)	[va'rãn]
salamandra (f)	salamander (de)	[sala'mandər]
camaleón (m)	kameleon (de)	[kamele'ɔn]
escorpión (m)	schorpioen (de)	[sxɔrpi'un]
tortuga (f)	schildpad (de)	['sxildpat]
rana (f)	kikker (de)	['kikər]
sapo (m)	pad (de)	[pat]
cocodrilo (m)	krokodil (de)	[krɔkɔ'dil]

93. Los insectos

insecto (m)	insect (het)	[in'sɛkt]
mariposa (f)	vlinder (de)	['vlindər]
hormiga (f)	mier (de)	[mir]
mosca (f)	vlieg (de)	[vlix]
mosquito (m) (picadura de ~)	mug (de)	[mʉx]
escarabajo (m)	kever (de)	['kevər]
avispa (f)	wesp (de)	[wɛsp]
abeja (f)	bij (de)	[bɛj]
abejorro (m)	hommel (de)	['hɔməl]
moscardón (m)	horzel (de)	['hɔrsəl]
araña (f)	spin (de)	[spin]
telaraña (f)	spinnenweb (het)	['spinən·wɛb]

libélula (f)	**libel (de)**	[li'bɛl]
saltamontes (m)	**sprinkhaan (de)**	['sprinkhān]
mariposa (f) nocturna	**nachtvlinder (de)**	['naxt·'vlindər]
cucaracha (f)	**kakkerlak (de)**	['kakərlak]
garrapata (f)	**teek (de)**	[tēk]
pulga (f)	**vlo (de)**	[vlɔ]
mosca (f) negra	**kriebelmug (de)**	['kribəl·mʉx]
langosta (f)	**treksprinkhaan (de)**	['trɛk·sprink'hān]
caracol (m)	**slak (de)**	[slak]
grillo (m)	**krekel (de)**	['krekəl]
luciérnaga (f)	**glimworm (de)**	['xlim·wɔrm]
mariquita (f)	**lieveheersbeestje (het)**	[livə'hērs·'bestʃə]
sanjuanero (m)	**meikever (de)**	['mɛjkəvər]
sanguijuela (f)	**bloedzuiger (de)**	['blud·zœɣxər]
oruga (f)	**rups (de)**	[rʉps]
lombriz (m) de tierra	**aardworm (de)**	['ārd·wɔrm]
larva (f)	**larve (de)**	['larvə]

T&P BOOKS

LA FLORA

T&P Books Publishing

árbol (m)	boom (de)	[bõm]
foliáceo (adj)	loof-	[lõf]
conífero (adj)	dennen-	['dɛnən]
de hoja perenne	groenblijvend	[xrun 'blɛjvənt]
manzano (m)	appelboom (de)	['apəl·bõm]
peral (m)	perenboom (de)	['perən·bõm]
cerezo (m)	zoete kers (de)	['zutə kɛrs]
guindo (m)	zure kers (de)	['zʉrə kɛrs]
ciruelo (m)	pruimelaar (de)	[prœymə·lãr]
abedul (m)	berk (de)	[bɛrk]
roble (m)	eik (de)	[ɛjk]
tilo (m)	linde (de)	['lində]
pobo (m)	esp (de)	[ɛsp]
arce (m)	esdoorn (de)	['ɛsdõrn]
pícea (f)	spar (de)	[spar]
pino (m)	den (de)	[dɛn]
alerce (m)	lariks (de)	['lariks]
abeto (m)	zilverspar (de)	['zilvər·spar]
cedro (m)	ceder (de)	['sedər]
álamo (m)	populier (de)	[pɔpʉ'lir]
serbal (m)	lijsterbes (de)	['lɛjstərbɛs]
sauce (m)	wilg (de)	[wilx]
aliso (m)	els (de)	[ɛls]
haya (f)	beuk (de)	['bøk]
olmo (m)	iep (de)	[jep]
fresno (m)	es (de)	[ɛs]
castaño (m)	kastanje (de)	[kas'tanjə]
magnolia (f)	magnolia (de)	[mah'nɔlija]
palmera (f)	palm (de)	[palm]
ciprés (m)	cipres (de)	[sip'rɛs]
mangle (m)	mangrove (de)	[man'xrɔvə]
baobab (m)	baobab (de)	['baɔbap]
eucalipto (m)	eucalyptus (de)	[øka'liptʉs]
secoya (f)	mammoetboom (de)	[ma'mut·bõm]

95. Los arbustos

| mata (f) | struik (de) | ['strœγk] |
| arbusto (m) | heester (de) | ['hēstər] |

| vid (f) | wijnstok (de) | ['wɛjn·stɔk] |
| viñedo (m) | wijngaard (de) | ['wɛjnxārt] |

frambueso (m)	frambozenstruik (de)	[fram'bɔsən·'strœγk]
grosellero (m) negro	zwarte bes (de)	['zwartə bɛs]
grosellero (m) rojo	rode bessenstruik (de)	['rɔdə 'bɛsən·strœγk]
grosellero (m) espinoso	kruisbessenstruik (de)	['krœγs·'bɛsənstrœγk]

acacia (f)	acacia (de)	[a'kaɕia]
berberís (m)	zuurbes (de)	['zūr·bɛs]
jazmín (m)	jasmijn (de)	[jas'mɛjn]

enebro (m)	jeneverbes (de)	[je'nɛvərbɛs]
rosal (m)	rozenstruik (de)	['rɔzən·strœγk]
escaramujo (m)	hondsroos (de)	['hund·rōs]

96. Las frutas. Las bayas

fruto (m)	vrucht (de)	[vrʉxt]
frutos (m pl)	vruchten	['vrʉxtən]
manzana (f)	appel (de)	['apəl]
pera (f)	peer (de)	[pēr]
ciruela (f)	pruim (de)	['prœγm]

fresa (f)	aardbei (de)	['ārd·bɛj]
guinda (f)	zure kers (de)	['zʉrə kɛrs]
cereza (f)	zoete kers (de)	['zutə kɛrs]
uva (f)	druif (de)	[drœγf]

frambuesa (f)	framboos (de)	[fram'bōs]
grosella (f) negra	zwarte bes (de)	['zwartə bɛs]
grosella (f) roja	rode bes (de)	['rɔdə bɛs]
grosella (f) espinosa	kruisbes (de)	['krœγsbɛs]
arándano (m) agrio	veenbes (de)	['vēnbɛs]

naranja (f)	sinaasappel (de)	['sināsapəl]
mandarina (f)	mandarijn (de)	[manda'rɛjn]
piña (f)	ananas (de)	['ananas]
banana (f)	banaan (de)	[ba'nān]
dátil (m)	dadel (de)	['dadəl]

limón (m)	citroen (de)	[si'trun]
albaricoque (m)	abrikoos (de)	[abri'kōs]
melocotón (m)	perzik (de)	['pɛrzik]

| kiwi (m) | kiwi (de) | ['kiwi] |
| toronja (f) | grapefruit (de) | ['grepfrut] |

baya (f)	bes (de)	[bɛs]
bayas (f pl)	bessen	['bɛsən]
arándano (m) rojo	vossenbes (de)	['vɔsənbɛs]
fresa (f) silvestre	bosaardbei (de)	[bɔs·ārdbɛj]
arándano (m)	blauwe bosbes (de)	['blauə 'bɔsbɛs]

97. Las flores. Las plantas

| flor (f) | bloem (de) | [blum] |
| ramo (m) de flores | boeket (het) | [bu'kɛt] |

rosa (f)	roos (de)	[rōs]
tulipán (m)	tulp (de)	[tʉlp]
clavel (m)	anjer (de)	['anjer]
gladiolo (m)	gladiool (de)	[xladi'ōl]

aciano (m)	korenbloem (de)	['kɔrənblum]
campanilla (f)	klokje (het)	['klɔkjə]
diente (m) de león	paardenbloem (de)	['pārdən·blum]
manzanilla (f)	kamille (de)	[ka'milə]

áloe (m)	aloë (de)	[a'lɔe]
cacto (m)	cactus (de)	['kaktʉs]
ficus (m)	ficus (de)	['fikʉs]

azucena (f)	lelie (de)	['leli]
geranio (m)	geranium (de)	[xə'ranijum]
jacinto (m)	hyacint (de)	[hia'sint]

mimosa (f)	mimosa (de)	[mi'mɔza]
narciso (m)	narcis (de)	[nar'sis]
capuchina (f)	Oost-Indische kers (de)	[ōst·'indisə kɛrs]

orquídea (f)	orchidee (de)	[ɔrxi'dē]
peonía (f)	pioenroos (de)	[pi'un·rōs]
violeta (f)	viooltje (het)	[vi'jōltʃə]

trinitaria (f)	driekleurig viooltje (het)	[dri'klørəx vi'ōltʃə]
nomeolvides (f)	vergeet-mij-nietje (het)	[vər'xēt-mɛj-'nitʃə]
margarita (f)	madeliefje (het)	[madɛ'lifʲə]

amapola (f)	papaver (de)	[pa'pavər]
cáñamo (m)	hennep (de)	['hɛnəp]
menta (f)	munt (de)	[mʉnt]

| muguete (m) | lelietje-van-dalen (het) | ['leljetʃə-van-'dalən] |
| campanilla (f) de las nieves | sneeuwklokje (het) | ['snēw·'klɔkjə] |

ortiga (f)	brandnetel (de)	['brant·netəl]
acedera (f)	veldzuring (de)	[vɛlt·'tsʉriŋ]
nenúfar (m)	waterlelie (de)	['watər·leli]
helecho (m)	varen (de)	['varən]
liquen (m)	korstmos (het)	['kɔrstmɔs]

invernadero (m) tropical	oranjerie (de)	[ɔranʒɛ'ri]
césped (m)	gazon (het)	[xa'zɔn]
macizo (m) de flores	bloemperk (het)	['blum·pɛrk]

planta (f)	plant (de)	[plant]
hierba (f)	gras (het)	[xras]
hoja (f) de hierba	grasspriet (de)	['xras·sprit]

hoja (f)	blad (het)	[blat]
pétalo (m)	bloemblad (het)	['blum·blat]
tallo (m)	stengel (de)	['stɛŋəl]
tubérculo (m)	knol (de)	[knɔl]

| retoño (m) | scheut (de) | [sxøt] |
| espina (f) | doorn (de) | [dõrn] |

florecer (vi)	bloeien	['blujən]
marchitarse (vr)	verwelken	[vər'wɛlkən]
olor (m)	geur (de)	[xør]
cortar (vt)	snijden	['snɛjdən]
coger (una flor)	plukken	['plʉkən]

98. Los cereales, los granos

grano (m)	graan (het)	[xrãn]
cereales (m pl) (plantas)	graangewassen	['xrãn·xɛ'wasən]
espiga (f)	aar (de)	[ãr]

trigo (m)	tarwe (de)	['tarwə]
centeno (m)	rogge (de)	['rɔxə]
avena (f)	haver (de)	['havər]

| mijo (m) | gierst (de) | [xirst] |
| cebada (f) | gerst (de) | [xɛrst] |

maíz (m)	maïs (de)	[majs]
arroz (m)	rijst (de)	[rɛjst]
alforfón (m)	boekweit (de)	['bukwɛjt]

guisante (m)	erwt (de)	[ɛrt]
fréjol (m)	nierboon (de)	['nir·bõn]
soya (f)	soja (de)	['sɔja]
lenteja (f)	linze (de)	['linzə]
habas (f pl)	bonen	['bɔnən]

T&P BOOKS

LOS PAÍSES

T&P Books Publishing

Afganistán (m)	Afghanistan (het)	[afˈxanistan]
Albania (f)	Albanië (het)	[alˈbaniə]
Alemania (f)	Duitsland (het)	[ˈdœytslant]
Arabia (f) Saudita	Saoedi-Arabië (het)	[saˈudi-aˈrabiə]
Argentina (f)	Argentinië (het)	[arxɛnˈtiniə]
Armenia (f)	Armenië (het)	[arˈmeniə]
Australia (f)	Australië (het)	[ɔuˈstraliə]
Austria (f)	Oostenrijk (het)	[ˈōstənrɛjk]
Azerbaiyán (m)	Azerbeidzjan (het)	[azərbejˈdʒan]

Bangladesh (m)	Bangladesh (het)	[banhlaˈdɛʃ]
Bélgica (f)	België (het)	[ˈbɛlxiə]
Bielorrusia (f)	Wit-Rusland (het)	[wit-ˈrʉslant]
Bolivia (f)	Bolivia (het)	[bɔˈlivia]
Bosnia y Herzegovina	Bosnië en Herzegovina (het)	[ˈbɔsniə ən hɛrzəˈxɔvina]
Brasil (m)	Brazilië (het)	[braˈziliə]
Bulgaria (f)	Bulgarije (het)	[bʉlxaˈrɛjə]
Camboya (f)	Cambodja (het)	[kamˈbɔdja]
Canadá (f)	Canada (het)	[ˈkanada]
Chequia (f)	Tsjechië (het)	[ˈtʃɛxiə]
Chile (m)	Chili (het)	[ˈʃili]
China (f)	China (het)	[ˈʃina]
Chipre (m)	Cyprus (het)	[ˈsiprʉs]
Colombia (f)	Colombia (het)	[kɔˈlɔmbia]
Corea (f) del Norte	Noord-Korea (het)	[nōrd-kɔˈrea]
Corea (f) del Sur	Zuid-Korea (het)	[ˈzœyd-kɔˈrea]
Croacia (f)	Kroatië (het)	[krɔˈasiə]
Cuba (f)	Cuba (het)	[ˈkʉba]

Dinamarca (f)	Denemarken (het)	[ˈdenəmarkən]
Ecuador (m)	Ecuador (het)	[ɛkwaˈdɔr]
Egipto (m)	Egypte (het)	[ɛˈxiptə]
Emiratos (m pl) Árabes Unidos	Verenigde Arabische Emiraten	[vəˈrɛnixdə aˈrabisə ɛmiˈratən]
Escocia (f)	Schotland (het)	[ˈsxɔtlant]
Eslovaquia (f)	Slowakije (het)	[slɔwaˈkɛjə]
Eslovenia	Slovenië (het)	[slɔˈvɛniə]
España (f)	Spanje (het)	[ˈspanjə]
Estados Unidos de América	Verenigde Staten van Amerika	[vəˈrɛnixdə ˈstatən van aˈmerika]
Estonia (f)	Estland (het)	[ˈɛstlant]
Finlandia (f)	Finland (het)	[ˈfinlant]
Francia (f)	Frankrijk (het)	[ˈfrankrɛjk]

100. Los países. Unidad 2

Georgia (f)	Georgië (het)	[xeˈorxiə]
Ghana (f)	Ghana (het)	[ˈxana]
Gran Bretaña (f)	Groot-Brittannië (het)	[xrōt-briˈtaniə]
Grecia (f)	Griekenland (het)	[ˈxrikənlant]
Haití (m)	Haïti (het)	[haˈiti]
Hungría (f)	Hongarije (het)	[hɔnxaˈrɛjə]
India (f)	India (het)	[ˈindia]
Indonesia (f)	Indonesië (het)	[indɔˈnɛsiə]
Inglaterra (f)	Engeland (het)	[ˈɛŋɛlant]
Irak (m)	Irak (het)	[iˈrak]
Irán (m)	Iran (het)	[iˈran]
Irlanda (f)	Ierland (het)	[ˈīrlant]
Islandia (f)	IJsland (het)	[ˈɛjslant]
Islas (f pl) Bahamas	Bahama's	[baˈhamas]
Israel (m)	Israël (het)	[ˈisraɛl]
Italia (f)	Italië (het)	[iˈtaliə]
Jamaica (f)	Jamaica (het)	[jaˈmajka]
Japón (m)	Japan (het)	[jaˈpan]
Jordania (f)	Jordanië (het)	[jorˈdaniə]
Kazajstán (m)	Kazakstan (het)	[kazakˈstan]
Kenia (f)	Kenia (het)	[ˈkenia]
Kirguizistán (m)	Kirgizië (het)	[kirˈxiziə]
Kuwait (m)	Koeweit (het)	[kuˈwɛjt]
Laos (m)	Laos (het)	[ˈlaɔs]
Letonia (f)	Letland (het)	[ˈlɛtlant]
Líbano (m)	Libanon (het)	[ˈlibanɔn]
Libia (f)	Libië (het)	[ˈlibiə]
Liechtenstein (m)	Liechtenstein (het)	[ˈlixtɛnstɛjn]
Lituania (f)	Litouwen (het)	[liˈtauən]
Luxemburgo (m)	Luxemburg (het)	[ˈlʉksɛmbʉrx]
Macedonia	Macedonië (het)	[makeˈdɔniə]
Madagascar (m)	Madagaskar (het)	[madaˈxaskar]
Malasia (f)	Maleisië (het)	[maˈlɛjziə]
Malta (f)	Malta (het)	[ˈmalta]
Marruecos (m)	Marokko (het)	[maˈrɔkɔ]
Méjico (m)	Mexico (het)	[ˈmeksikɔ]
Moldavia (f)	Moldavië (het)	[mɔlˈdaviə]
Mónaco (m)	Monaco (het)	[mɔˈnakɔ]
Mongolia (f)	Mongolië (het)	[mɔnˈxɔliə]
Montenegro (m)	Montenegro (het)	[mɔntəˈnɛxrɔ]
Myanmar (m)	Myanmar (het)	[ˈmjanmar]

101. Los países. Unidad 3

Namibia (f)	Namibië (het)	[na'mibiə]
Nepal (m)	Nepal (het)	[ne'pal]
Noruega (f)	Noorwegen (het)	['nŏrwexən]
Nueva Zelanda (f)	Nieuw-Zeeland (het)	[niu-'zēlant]
Países Bajos (m pl)	Nederland (het)	['nedərlant]
Pakistán (m)	Pakistan (het)	['pakistan]
Palestina (f)	Palestijnse autonomie (de)	[pale'stɛjnsə autɔnɔ'mi]
Panamá (f)	Panama (het)	['panama]
Paraguay (m)	Paraguay (het)	['paragvaj]
Perú (m)	Peru (het)	[pe'ru]
Polinesia (f) Francesa	Frans-Polynesië	[frans-pɔli'nɛziə]
Polonia (f)	Polen (het)	['pɔlən]
Portugal (m)	Portugal (het)	[pɔrtɵxal]
República (f) Dominicana	Dominicaanse Republiek (de)	[dɔmini'kānsə repɵ'blik]
República (f) Sudafricana	Zuid-Afrika (het)	['zœyd-'afrika]
Rumania (f)	Roemenië (het)	[ru'meniə]
Rusia (f)	Rusland (het)	['rɵslant]
Senegal (m)	Senegal (het)	[senexal]
Serbia (f)	Servië (het)	['sɛrviə]
Siria (f)	Syrië (het)	['siriə]
Suecia (f)	Zweden (het)	['zwedən]
Suiza (f)	Zwitserland (het)	['zwitsərlant]
Surinam (m)	Suriname (het)	[sɵri'namə]
Tayikistán (m)	Tadzjikistan (het)	[ta'dʒikistan]
Tailandia (f)	Thailand (het)	['tailant]
Taiwán (m)	Taiwan (het)	[taj'wan]
Tanzania (f)	Tanzania (het)	[tan'zania]
Tasmania (f)	Tasmanië (het)	[taz'maniə]
Túnez (m)	Tunesië (het)	[tɵ'nɛziə]
Turkmenistán (m)	Turkmenistan (het)	[tɵrk'menistan]
Turquía (f)	Turkije (het)	[tɵr'kɛjə]
Ucrania (f)	Oekraïne (het)	[ukra'inə]
Uruguay (m)	Uruguay (het)	['urugvaj]
Uzbekistán (m)	Oezbekistan (het)	[uz'bekistan]
Vaticano (m)	Vaticaanstad (de)	[vati'kān·stat]
Venezuela (f)	Venezuela (het)	[venəzɵ'ɛla]
Vietnam (m)	Vietnam (het)	[vjet'nam]
Zanzíbar (m)	Zanzibar (het)	['zanzibar]

GLOSARIO
GASTRONÓMICO

Esta sección contiene una
gran cantidad de palabras y
términos asociados con la
comida. Este diccionario le hará
más fácil la comprensión
del menú de un restaurante y
la elección del plato adecuado

T&P Books Publishing

Español-Holandés glosario gastronómico

Español	Holandés	Pronunciación
¡Que aproveche!	Eet smakelijk!	[ēt 'smakələk]
abrebotellas (m)	flesopener (de)	[fles·'ɔpənər]
abrelatas (m)	blikopener (de)	[blik·'ɔpənər]
aceite (m) de girasol	zonnebloemolie (de)	['zɔnəblum·'ɔli]
aceite (m) de oliva	olijfolie (de)	[ɔ'lɛjf·'ɔli]
aceite (m) vegetal	plantaardige olie (de)	[plant'ārdixə 'ɔli]
agua (f)	water (het)	['watər]
agua (f) mineral	mineraalwater (het)	[minə'rāl·'watər]
agua (f) potable	drinkwater (het)	['drink·'watər]
aguacate (m)	avocado (de)	[avo'kadɔ]
ahumado (adj)	gerookt	[xə'rōkt]
ajo (m)	knoflook (de)	['knōflɔk]
albahaca (f)	basilicum (de)	[ba'silikəm]
albaricoque (m)	abrikoos (de)	[abri'kōs]
alcachofa (f)	artisjok (de)	[arti'ɕɔk]
alforfón (m)	boekweit (de)	['bukwɛjt]
almendra (f)	amandel (de)	[a'mandəl]
almuerzo (m)	lunch (de)	['lʉnʃ]
amargo (adj)	bitter	['bitər]
anís (m)	anijs (de)	[a'nɛjs]
anguila (f)	paling (de)	[pa'liŋ]
aperitivo (m)	aperitief (de/het)	[aperi'tif]
apetito (m)	eetlust (de)	['ētlʉst]
apio (m)	selderij (de)	['sɛldɛrɛj]
arándano (m)	blauwe bosbes (de)	['blauə 'bɔsbɛs]
arándano (m) agrio	veenbes (de)	['vēnbɛs]
arándano (m) rojo	vossenbes (de)	['vɔsənbɛs]
arenque (m)	haring (de)	['hariŋ]
arroz (m)	rijst (de)	[rɛjst]
atún (m)	tonijn (de)	[tɔ'nɛjn]
avellana (f)	hazelnoot (de)	['hazəl·nōt]
avena (f)	haver (de)	['havər]
azúcar (m)	suiker (de)	[sœykər]
azafrán (m)	saffraan (de)	[saf'rān]
azucarado, dulce (adj)	zoet	[zut]
bacalao (m)	kabeljauw (de)	[kabə'ljau]
banana (f)	banaan (de)	[ba'nān]
bar (m)	bar (de)	[bar]
barman (m)	barman (de)	['barman]
batido (m)	milkshake (de)	['milk·ʃɛjk]
baya (f)	bes (de)	[bɛs]
bayas (f pl)	bessen (de)	['bɛsən]
bebida (f) sin alcohol	alcohol vrije drank (de)	['alkɔhɔl 'vrɛjə drank]
bebidas (f pl) alcohólicas	alcoholische dranken	[alkɔ'holisə 'drankən]

beicon (m)	spek (het)	[spɛk]
berenjena (f)	aubergine (de)	[ɔbɛr'ʒinə]
bistec (m)	biefstuk (de)	['bifstʉk]
bocadillo (m)	boterham (de)	['botərham]
boleto (m) áspero	berkenboleet (de)	['bɛrkən·bɔlēt]
boleto (m) castaño	rosse populierboleet (de)	['rɔsə popʉ'lir·bɔlēt]
brócoli (m)	broccoli (de)	['brɔkɔli]
brema (f)	brasem (de)	['brasəm]
cóctel (m)	cocktail (de)	['kɔktəl]
caballa (f)	makreel (de)	[ma'krēl]
cacahuete (m)	pinda (de)	['pinda]
café (m)	koffie (de)	['kɔfi]
café (m) con leche	koffie (de) met melk	['kɔfi mɛt mɛlk]
café (m) solo	zwarte koffie (de)	['zwartə 'kɔfi]
café (m) soluble	oploskoffie (de)	['ɔplɔs·'kɔfi]
calabacín (m)	courgette (de)	[kur'ʒɛt]
calabaza (f)	pompoen (de)	[pɔm'pun]
calamar (m)	inktvis (de)	['inktvis]
caldo (m)	bouillon (de)	[bu'jon]
caliente (adj)	heet	[hēt]
caloría (f)	calorie (de)	[kalɔ'ri]
camarón (m)	garnaal (de)	[xar'nāl]
camarera (f)	serveerster (de)	[sɛr'vērstər]
camarero (m)	kelner, ober (de)	['kɛlnər], ['ɔbər]
canela (f)	kaneel (de/het)	[ka'nēl]
cangrejo (m) de mar	krab (de)	[krab]
capuchino (m)	cappuccino (de)	[kapu'ʧinɔ]
caramelo (m)	snoepje (het)	['snupjə]
carbohidratos (m pl)	koolhydraten	[kōlhi'dratən]
carne (f)	vlees (het)	[vlēs]
carne (f) de carnero	schapenvlees (het)	['sxapən·vlēs]
carne (f) de cerdo	varkensvlees (het)	['varkəns·vlēs]
carne (f) de ternera	kalfsvlees (het)	['kalfs·vlēs]
carne (f) de vaca	rundvlees (het)	['rʉnt·vlēs]
carne (f) picada	gehakt (het)	[xə'hakt]
carpa (f)	karper (de)	['karpər]
carta (f) de vinos	wijnkaart (de)	['wɛjn·kārt]
carta (f), menú (m)	menu (het)	[me'nʉ]
caviar (m)	kaviaar (de)	[ka'vjār]
caza (f) menor	wild (het)	[wilt]
cebada (f)	gerst (de)	[xɛrst]
cebolla (f)	ui (de)	['œy]
cena (f)	avondeten (het)	['avɔntetən]
centeno (m)	rogge (de)	['rɔxə]
cereales (m pl)	graangewassen	['xrān·xɛ'wasən]
cereales (m pl) integrales	graan (het)	[xrān]
cereza (f)	zoete kers (de)	['zutə kɛrs]
cerveza (f)	bier (het)	[bir]
cerveza (f) negra	donker bier (het)	['dɔnkər bir]
cerveza (f) rubia	licht bier (het)	[lixt bir]
champaña (f)	champagne (de)	[ʃʌm'panjə]

chicle (m)	kauwgom (de)	['kauxɔm]
chocolate (m)	chocolade (de)	[ʃɔkɔ'ladə]
cilantro (m)	koriander (de)	[kɔri'andər]
ciruela (f)	pruim (de)	['prœym]
clara (f)	eiwit (het)	['ɛjwit]
clavo (m)	kruidnagel (de)	['krœytnaxəl]
coñac (m)	cognac (de)	[kɔ'njak]
cocido en agua (adj)	gekookt	[xə'kõkt]
cocina (f)	keuken (de)	['køkən]
col (f)	kool (de)	[kõl]
col (f) de Bruselas	spruitkool (de)	['sprœyt·kõl]
coliflor (f)	bloemkool (de)	['blum·kõl]
colmenilla (f)	morielje (de)	[mɔ'rilje]
comida (f)	eten (het)	['etən]
comino (m)	komijn (de)	[kɔ'mɛjn]
con gas	bruisend	['brœysənt]
con hielo	met ijs	[mɛt ɛjs]
condimento (m)	condiment (het)	[kɔndi'mɛnt]
conejo (m)	konijnenvlees (het)	[kɔ'nɛjnən·vlẽs]
confitura (f)	jam (de)	[ʃɛm]
confitura (f)	confituur (de)	[kɔnfi'tũr]
congelado (adj)	diepvries	['dip·vris]
conservas (f pl)	conserven	[kɔn'sɛrvən]
copa (f) de vino	wijnglas (het)	['wɛjn·xlas]
copos (m pl) de maíz	maïsvlokken	[majs·'vlɔkən]
crema (f) de mantequilla	crème (de)	[krɛ:m]
crustáceos (m pl)	schaaldieren	['sxal·dĩrən]
cuchara (f)	lepel (de)	['lepəl]
cuchara (f) de sopa	eetlepel (de)	[ẽt·'lepəl]
cucharilla (f)	theelepeltje (het)	[tẽ·'lepəltʃə]
cuchillo (m)	mes (het)	[mɛs]
cuenta (f)	rekening (de)	['rekəniŋ]
dátil (m)	dadel (de)	['dadəl]
de chocolate (adj)	chocolade-	[ʃɔkɔ'ladə]
desayuno (m)	ontbijt (het)	[ɔn'bɛjt]
dieta (f)	dieet (het)	[di'ẽt]
eneldo (m)	dille (de)	['dilə]
ensalada (f)	salade (de)	[sa'ladə]
entremés (m)	voorgerecht (het)	['võrxərɛht]
espárrago (m)	asperge (de)	[as'pɛrʒə]
espagueti (m)	spaghetti (de)	[spa'xeti]
especia (f)	specerij , kruiderij (de)	[spesə'rɛj], [krœydə'rɛj]
espiga (f)	aar (de)	[ãr]
espinaca (f)	spinazie (de)	[spi'nazi]
esturión (m)	steur (de)	['stør]
fletán (m)	heilbot (de)	['hɛjlbɔt]
fréjol (m)	nierboon (de)	['nir·bõn]
frío (adj)	koud	['kaut]
frambuesa (f)	framboos (de)	[fram'bõs]
fresa (f)	aardbei (de)	['ãrd·bɛj]
fresa (f) silvestre	bosaardbei (de)	[bɔs·ãrdbɛj]
frito (adj)	gebakken	[xə'bakən]

fruto (m)	**vrucht (de)**	[vrʉxt]
frutos (m pl)	**vruchten**	['vrʉxtən]
gachas (f pl)	**pap (de)**	[pap]
galletas (f pl)	**koekje (het)**	['kukjə]
gallina (f)	**kip (de)**	[kip]
ganso (m)	**gans (de)**	[xans]
gaseoso (adj)	**koolzuurhoudend**	[kōlzūr·'haudənt]
ginebra (f)	**gin (de)**	[dʒin]
gofre (m)	**wafel (de)**	['wafəl]
granada (f)	**granaatappel (de)**	[xra'nāt·'apəl]
grano (m)	**graan (het)**	[xrān]
grasas (f pl)	**vetten**	['vɛtən]
grosella (f) espinosa	**kruisbes (de)**	['krœysbɛs]
grosella (f) negra	**zwarte bes (de)**	['zwartə bɛs]
grosella (f) roja	**rode bes (de)**	['rɔdə bɛs]
guarnición (f)	**garnering (de)**	[xar'neriŋ]
guinda (f)	**zure kers (de)**	['zʉrə kɛrs]
guisante (m)	**erwt (de)**	[ɛrt]
hígado (m)	**lever (de)**	['levər]
habas (f pl)	**bonen**	['bonən]
hamburguesa (f)	**hamburger (de)**	['hambʉrxər]
harina (f)	**meel (het), bloem (de)**	[mēl], [blum]
helado (m)	**ijsje (het)**	['ɛisjə], ['ɛiʃə]
hielo (m)	**ijs (het)**	[ɛjs]
higo (m)	**vijg (de)**	[vɛjx]
hoja (f) de laurel	**laurierblad (het)**	[lau'rir·blat]
huevo (m)	**ei (het)**	[ɛj]
huevos (m pl)	**eieren**	['ɛjerən]
huevos (m pl) fritos	**spiegelei (het)**	['spixəl·ɛj]
jamón (m)	**ham (de)**	[ham]
jamón (m) fresco	**gerookte achterham (de)**	[xə'rōktə 'ahtərham]
jengibre (m)	**gember (de)**	['xɛmbər]
jugo (m) de tomate	**tomatensap (het)**	[tɔ'matən·sap]
kiwi (m)	**kiwi (de)**	['kiwi]
langosta (f)	**langoest (de)**	[laŋ'xust]
leche (f)	**melk (de)**	[mɛlk]
leche (f) condensada	**gecondenseerde melk (de)**	[xəkɔnsən'sērdə mɛlk]
lechuga (f)	**sla (de)**	[sla]
legumbres (f pl)	**groenten**	['xruntən]
lengua (f)	**tong (de)**	[tɔŋ]
lenguado (m)	**platvis (de)**	['platvis]
lenteja (f)	**linze (de)**	['linzə]
licor (m)	**likeur (de)**	[li'kør]
limón (m)	**citroen (de)**	[si'trun]
limonada (f)	**limonade (de)**	[limo'nadə]
loncha (f)	**snede (de)**	['snedə]
lucio (m)	**snoek (de)**	[snuk]
lucioperca (f)	**snoekbaars (de)**	['snukbārs]
maíz (m)	**maïs (de)**	[majs]
maíz (m)	**maïs (de)**	[majs]
macarrones (m pl)	**pasta (de)**	['pasta]

mandarina (f)	mandarijn (de)	[manda'rɛjn]
mango (m)	mango (de)	['mangɔ]
mantequilla (f)	boter (de)	['bɔtər]
manzana (f)	appel (de)	['apəl]
margarina (f)	margarine (de)	[marxa'rinə]
marinado (adj)	gemarineerd	[xəmari'nērt]
mariscos (m pl)	zeevruchten	[zē·'vrʉxtən]
matamoscas (m)	vliegenzwam (de)	['vlixən·zwam]
mayonesa (f)	mayonaise (de)	[majo'nɛzə]
melón (m)	meloen (de)	[mə'lun]
melocotón (m)	perzik (de)	['pɛrzik]
mermelada (f)	marmelade (de)	[marmə'ladə]
miel (f)	honing (de)	['hɔniŋ]
miga (f)	kruimel (de)	['krœʏməl]
mijo (m)	gierst (de)	[xirst]
mini tarta (f)	cakeje (het)	['kejkjə]
mondadientes (m)	tandenstoker (de)	['tandən·'stɔkər]
mostaza (f)	mosterd (de)	['mɔstərt]
nabo (m)	raap (de)	[rāp]
naranja (f)	sinaasappel (de)	['sināsapəl]
nata (f) agria	zure room (de)	['zʉrə rõm]
nata (f) líquida	room (de)	[rõm]
nuez (f)	walnoot (de)	['walnõt]
nuez (f) de coco	kokosnoot (de)	['kɔkɔs·nõt]
olivas, aceitunas (f pl)	olijven	[ɔ'lɛjvən]
oronja (f) verde	groene knolamaniet (de)	['xrunə 'knɔl·ama'nit]
ostra (f)	oester (de)	['ustər]
pan (m)	brood (het)	[brõt]
papaya (f)	papaja (de)	[pa'paja]
paprika (f)	paprika (de)	['paprika]
pasas (f pl)	rozijn (de)	[rɔ'zɛjn]
pasteles (m pl)	suikerbakkerij (de)	[sœʏkər bakə'rɛj]
paté (m)	paté (de)	[pa'tɛ]
patata (f)	aardappel (de)	['ārd·apəl]
pato (m)	eend (de)	[ēnt]
pava (f)	kalkoen (de)	[kal'kun]
pedazo (m)	stuk (het)	[stʉk]
pepino (m)	augurk (de)	[au'xʉrk]
pera (f)	peer (de)	[pēr]
perca (f)	baars (de)	[bārs]
perejil (m)	peterselie (de)	[petər'sɛli]
pescado (m)	vis (de)	[vis]
piña (f)	ananas (de)	['ananas]
piel (f)	schil (de)	[sxil]
pimienta (f) negra	zwarte peper (de)	['zwartə 'pepər]
pimienta (f) roja	rode peper (de)	['rodə 'pepər]
pimiento (m) dulce	peper (de)	['pepər]
pistachos (m pl)	pistaches	[pi'staʃəs]
pizza (f)	pizza (de)	['pitsa]
platillo (m)	schoteltje (het)	['sxɔtəltʃə]
plato (m)	gerecht (het)	[xe'rɛht]
plato (m)	bord (het)	[bɔrt]

pomelo (m)	**grapefruit (de)**	['grepfrut]
porción (f)	**portie (de)**	['pɔrsi]
postre (m)	**dessert (het)**	[dɛ'sɛːr]
propina (f)	**fooi (de)**	[fõj]
proteínas (f pl)	**eiwitten**	['ɛjwitən]
pudin (m)	**pudding (de)**	['pʉdiŋ]
puré (m) de patatas	**aardappelpuree (de)**	['ārdapəl·pʉ'rē]
queso (m)	**kaas (de)**	[kās]
rábano (m)	**radijs (de)**	[ra'dɛjs]
rábano (m) picante	**mierikswortel (de)**	['miriks·'wɔrtəl]
rúsula (f)	**russula (de)**	[rʉ'sʉla]
rebozuelo (m)	**cantharel (de)**	[kanta'rɛl]
receta (f)	**recept (het)**	[re'sɛpt]
refresco (m)	**frisdrank (de)**	['fris·drank]
regusto (m)	**nasmaak (de)**	['nasmāk]
relleno (m)	**vulling (de)**	['vʉliŋ]
remolacha (f)	**rode biet (de)**	['rɔdə bit]
ron (m)	**rum (de)**	[rʉm]
sésamo (m)	**sesamzaad (het)**	['sɛzam·zāt]
sabor (m)	**smaak (de)**	[smāk]
sabroso (adj)	**lekker**	['lɛkər]
sacacorchos (m)	**kurkentrekker (de)**	['kʉrkən·'trɛkər]
sal (f)	**zout (het)**	['zaut]
salado (adj)	**gezouten**	[xə'zautən]
salchichón (m)	**worst (de)**	[wɔrst]
salchicha (f)	**saucijs (de)**	['sɔsɛjs]
salmón (m)	**zalm (de)**	[zalm]
salmón (m) del Atlántico	**atlantische zalm (de)**	[at'lantisə zalm]
salsa (f)	**saus (de)**	['saus]
sandía (f)	**watermeloen (de)**	['watərmɛ'lun]
sardina (f)	**sardine (de)**	[sar'dinə]
seco (adj)	**gedroogd**	[xə'drõxt]
seta (f)	**paddenstoel (de)**	['padənstul]
seta (f) comestible	**eetbare paddenstoel (de)**	['ētbarə 'padənstul]
seta (f) venenosa	**giftige paddenstoel (de)**	['xiftixə 'padənstul]
seta calabaza (f)	**eekhoorntjesbrood (het)**	[ē'hɔntʃes·brõt]
siluro (m)	**meerval (de)**	['mērval]
sin alcohol	**alcohol vrij**	['alkɔhɔl vrɛj]
sin gas	**zonder gas**	['zɔndər xas]
sopa (f)	**soep (de)**	[sup]
soya (f)	**soja (de)**	['sɔja]
té (m)	**thee (de)**	[tē]
té (m) negro	**zwarte thee (de)**	['zwartə tē]
té (m) verde	**groene thee (de)**	['xrunə tē]
tallarines (m pl)	**noedels**	['nudɛls]
tarta (f)	**taart (de)**	[tārt]
tarta (f)	**pastei (de)**	[pas'tɛj]
taza (f)	**kopje (het)**	['kɔpjə]
tenedor (m)	**vork (de)**	[vɔrk]
tiburón (m)	**haai (de)**	[hāj]
tomate (m)	**tomaat (de)**	[tɔ'māt]
tortilla (f) francesa	**omelet (de)**	[ɔmə'lɛt]

trigo (m)	**tarwe (de)**	['tarwə]
trucha (f)	**forel (de)**	[fɔ'rɛl]
uva (f)	**druif (de)**	[drœʏf]
vaso (m)	**glas (het)**	[xlas]
vegetariano (adj)	**vegetarisch**	[vəxɛ'taris]
vegetariano (m)	**vegetariër (de)**	[vəxɛ'tarier]
verduras (f pl)	**verse kruiden**	['vɛrsə 'krœʏdən]
vermú (m)	**vermout (de)**	['vɛrmut]
vinagre (m)	**azijn (de)**	[a'zɛjn]
vino (m)	**wijn (de)**	[wɛjn]
vino (m) blanco	**witte wijn (de)**	['witə wɛjn]
vino (m) tinto	**rode wijn (de)**	['rɔdə wɛjn]
vitamina (f)	**vitamine (de)**	[vita'minə]
vodka (m)	**wodka (de)**	['wɔdka]
whisky (m)	**whisky (de)**	['wiski]
yema (f)	**eigeel (het)**	['ɛjxēl]
yogur (m)	**yoghurt (de)**	['joɡʉrt]
zanahoria (f)	**wortel (de)**	['wɔrtəl]
zarzamoras (f pl)	**braambes (de)**	['brāmbɛs]
zumo (m) de naranja	**sinaasappelsap (het)**	['sināsapəl·sap]
zumo (m) fresco	**vers geperst sap (het)**	[vɛrs xə'pɛrst sap]
zumo (m), jugo (m)	**sap (het)**	[sap]

aar (de)	[ār]	espiga (f)
aardappel (de)	['ārd·apəl]	patata (f)
aardappelpuree (de)	['ārdapəl·pu'rē]	puré (m) de patatas
aardbei (de)	['ārd·bɛj]	fresa (f)
abrikoos (de)	[abri'kōs]	albaricoque (m)
alcohol vrij	['alkɔhɔl vrɛj]	sin alcohol
alcohol vrije drank (de)	['alkɔhɔl 'vrɛjə drank]	bebida (f) sin alcohol
alcoholische dranken	[alkɔ'hɔlisə 'drankən]	bebidas (f pl) alcohólicas
amandel (de)	[a'mandəl]	almendra (f)
ananas (de)	['ananas]	piña (f)
anijs (de)	[a'nɛjs]	anís (m)
aperitief (de/het)	[aperi'tif]	aperitivo (m)
appel (de)	['apəl]	manzana (f)
artisjok (de)	[arti'cɔk]	alcachofa (f)
asperge (de)	[as'pɛrʒə]	espárrago (m)
atlantische zalm (de)	[at'lantisə zalm]	salmón (m) del Atlántico
aubergine (de)	[ɔbɛr'ʒinə]	berenjena (f)
augurk (de)	[au'xurk]	pepino (m)
avocado (de)	[avɔ'kadɔ]	aguacate (m)
avondeten (het)	['avɔntetən]	cena (f)
azijn (de)	[a'zɛjn]	vinagre (m)
baars (de)	[bārs]	perca (f)
banaan (de)	[ba'nān]	banana (f)
bar (de)	[bar]	bar (m)
barman (de)	['barman]	barman (m)
basilicum (de)	[ba'silikəm]	albahaca (f)
berkenboleet (de)	['bɛrkən·bɔlēt]	boleto (m) áspero
bes (de)	[bɛs]	baya (f)
bessen	['bɛsən]	bayas (f pl)
biefstuk (de)	['bifstuk]	bistec (m)
bier (het)	[bir]	cerveza (f)
bitter	['bitər]	amargo (adj)
blauwe bosbes (de)	['blauə 'bɔsbɛs]	arándano (m)
blikopener (de)	[blik·'ɔpənər]	abrelatas (m)
bloemkool (de)	['blum·kōl]	coliflor (f)
boekweit (de)	['bukwɛjt]	alforfón (m)
bonen	['bɔnən]	habas (f pl)
bord (het)	[bɔrt]	plato (m)
bosaardbei (de)	[bɔs·ārdbɛj]	fresa (f) silvestre
boter (de)	['bɔtər]	mantequilla (f)
boterham (de)	['bɔtərham]	bocadillo (m)
bouillon (de)	[bu'jon]	caldo (m)
braambes (de)	['brāmbɛs]	zarzamoras (f pl)

brasem (de)	['brasəm]	brema (f)
broccoli (de)	['brɔkɔli]	brócoli (m)
brood (het)	[brõt]	pan (m)
bruisend	['brœʏsənt]	con gas
cakeje (het)	['kejkjə]	mini tarta (f)
calorie (de)	[kalɔ'ri]	caloría (f)
cantharel (de)	[kanta'rɛl]	rebozuelo (m)
cappuccino (de)	[kapu'ʧinɔ]	capuchino (m)
champagne (de)	[ʃʌm'panjə]	champaña (f)
chocolade (de)	[ʃɔkɔ'ladə]	chocolate (m)
chocolade-	[ʃɔkɔ'ladə]	de chocolate (adj)
citroen (de)	[si'trun]	limón (m)
cocktail (de)	['kɔktəl]	cóctel (m)
cognac (de)	[kɔ'njak]	coñac (m)
condiment (het)	[kɔndi'mɛnt]	condimento (m)
confituur (de)	[kɔnfi'tūr]	confitura (f)
conserven	[kɔn'sɛrvən]	conservas (f pl)
courgette (de)	[kur'ʒɛt]	calabacín (m)
crème (de)	[krɛːm]	crema (f) de mantequilla
dadel (de)	['dadəl]	dátil (m)
dessert (het)	[dɛ'sɛːr]	postre (m)
dieet (het)	[di'ēt]	dieta (f)
diepvries	['dip·vris]	congelado (adj)
dille (de)	['dilə]	eneldo (m)
donker bier (het)	['dɔnkər bir]	cerveza (f) negra
drinkwater (het)	['drink·'watər]	agua (f) potable
druif (de)	[drœʏf]	uva (f)
eekhoorntjesbrood (het)	[ē'hɔntʃes·brõt]	seta calabaza (f)
eend (de)	[ēnt]	pato (m)
Eet smakelijk!	[ēt 'smakələk]	¡Que aproveche!
eetbare paddenstoel (de)	['ētbarə 'padənstul]	seta (f) comestible
eetlepel (de)	[ēt·'lepəl]	cuchara (f) de sopa
eetlust (de)	['ētlust]	apetito (m)
ei (het)	[ɛj]	huevo (m)
eieren	['ɛjerən]	huevos (m pl)
eigeel (het)	['ɛjxēl]	yema (f)
eiwit (het)	['ɛjwit]	clara (f)
eiwitten	['ɛjwitən]	proteínas (f pl)
erwt (de)	[ɛrt]	guisante (m)
eten (het)	['etən]	comida (f)
flesopener (de)	[fles·'ɔpənər]	abrebotellas (m)
fooi (de)	[fõj]	propina (f)
forel (de)	[fɔ'rɛl]	trucha (f)
framboos (de)	[fram'bõs]	frambuesa (f)
frisdrank (de)	['fris·drank]	refresco (m)
gans (de)	[xans]	ganso (m)
garnaal (de)	[xar'nāl]	camarón (m)
garnering (de)	[xar'neriŋ]	guarnición (f)
gebakken	[xə'bakən]	frito (adj)
gecondenseerde melk (de)	[xəkɔnsən'sērdə mɛlk]	leche (f) condensada
gedroogd	[xə'drõxt]	seco (adj)

gehakt (het)	[xə'hakt]	carne (f) picada
gekookt	[xə'kōkt]	cocido en agua (adj)
gemarineerd	[xəmari'nērt]	marinado (adj)
gember (de)	['xɛmbər]	jengibre (m)
gerecht (het)	[xe'rɛht]	plato (m)
gerookt	[xə'rōkt]	ahumado (adj)
gerookte achterham (de)	[xə'rōktə 'ahtərham]	jamón (m) fresco
gerst (de)	[xɛrst]	cebada (f)
gezouten	[xə'zautən]	salado (adj)
gierst (de)	[xirst]	mijo (m)
giftige paddenstoel (de)	['xiftixə 'padənstul]	seta (f) venenosa
gin (de)	[dʒin]	ginebra (f)
glas (het)	[xlas]	vaso (m)
graan (het)	[xrān]	cereales (m pl) integrales
graan (het)	[xrān]	grano (m)
graangewassen	['xrān·xɛ'wasən]	cereales (m pl)
granaatappel (de)	[xra'nāt·'apəl]	granada (f)
grapefruit (de)	['grepfrut]	pomelo (m)
groene knolamaniet (de)	['xrunə 'knɔl·ama'nit]	oronja (f) verde
groene thee (de)	['xrunə tē]	té (m) verde
groenten	['xruntən]	legumbres (f pl)
haai (de)	[hāj]	tiburón (m)
ham (de)	[ham]	jamón (m)
hamburger (de)	['hambʉrxər]	hamburguesa (f)
haring (de)	['hariŋ]	arenque (m)
haver (de)	['havər]	avena (f)
hazelnoot (de)	['hazəl·nōt]	avellana (f)
heet	[hēt]	caliente (adj)
heilbot (de)	['hɛjlbɔt]	fletán (m)
honing (de)	['honiŋ]	miel (f)
ijs (het)	[ɛjs]	hielo (m)
ijsje (het)	['ɛisjə], ['ɛiʃə]	helado (m)
inktvis (de)	['inktvis]	calamar (m)
jam (de)	[ʃɛm]	confitura (f)
kaas (de)	[kās]	queso (m)
kabeljauw (de)	[kabə'ljau]	bacalao (m)
kalfsvlees (het)	['kalfs·vlēs]	carne (f) de ternera
kalkoen (de)	[kal'kun]	pava (f)
kaneel (de/het)	[ka'nēl]	canela (f)
karper (de)	['karpər]	carpa (f)
kauwgom (de)	['kauxɔm]	chicle (m)
kaviaar (de)	[ka'vjār]	caviar (m)
kelner, ober (de)	['kɛlnər], ['ɔbər]	camarero (m)
keuken (de)	['køkən]	cocina (f)
kip (de)	[kip]	gallina (f)
kiwi (de)	['kiwi]	kiwi (m)
knoflook (de)	['knōflɔk]	ajo (m)
koekje (het)	['kukjə]	galletas (f pl)
koffie (de)	['kɔfi]	café (m)
koffie (de) met melk	['kɔfi mɛt mɛlk]	café (m) con leche
kokosnoot (de)	['kokɔs·nōt]	nuez (f) de coco
komijn (de)	[kɔ'mɛjn]	comino (m)

konijnenvlees (het)	[kɔ'nɛjnən·vlēs]	conejo (m)
kool (de)	[kōl]	col (f)
koolhydraten	[kōlhi'dratən]	carbohidratos (m pl)
koolzuurhoudend	[kōlzūr·'haudənt]	gaseoso (adj)
kopje (het)	['kɔpjə]	taza (f)
koriander (de)	[kɔri'andər]	cilantro (m)
koud	['kaut]	frío (adj)
krab (de)	[krab]	cangrejo (m) de mar
kruidnagel (de)	['krɐɣtnaxəl]	clavo (m)
kruimel (de)	['krœɣməl]	miga (f)
kruisbes (de)	['krœɣsbɛs]	grosella (f) espinosa
kurkentrekker (de)	['kɐrkən·'trɛkər]	sacacorchos (m)
langoest (de)	[lan'xust]	langosta (f)
laurierblad (het)	[lau'rir·blat]	hoja (f) de laurel
lekker	['lɛkər]	sabroso (adj)
lepel (de)	['lepəl]	cuchara (f)
lever (de)	['levər]	hígado (m)
licht bier (het)	[lixt bir]	cerveza (f) rubia
likeur (de)	[li'kør]	licor (m)
limonade (de)	[limɔ'nadə]	limonada (f)
linze (de)	['linzə]	lenteja (f)
lunch (de)	['lɐnʃ]	almuerzo (m)
maïs (de)	[majs]	maíz (m)
maïs (de)	[majs]	maíz (m)
maïsvlokken	[majs·'vlɔkən]	copos (m pl) de maíz
makreel (de)	[ma'krēl]	caballa (f)
mandarijn (de)	[manda'rɛjn]	mandarina (f)
mango (de)	['mangɔ]	mango (m)
margarine (de)	[marxa'rinə]	margarina (f)
marmelade (de)	[marmə'ladə]	mermelada (f)
mayonaise (de)	[majo'nɛzə]	mayonesa (f)
meel (het), bloem (de)	[mēl], [blum]	harina (f)
meerval (de)	['mērval]	siluro (m)
melk (de)	[mɛlk]	leche (f)
meloen (de)	[mə'lun]	melón (m)
menu (het)	[me'nɐ]	carta (f), menú (m)
mes (het)	[mɛs]	cuchillo (m)
met ijs	[mɛt ɛjs]	con hielo
mierikswortel (de)	['miriks·'wɔrtəl]	rábano (m) picante
milkshake (de)	['milk·ʃɛjk]	batido (m)
mineraalwater (het)	[minə'rāl·'watər]	agua (f) mineral
morielje (de)	[mɔ'riljə]	colmenilla (f)
mosterd (de)	['mɔstərt]	mostaza (f)
nasmaak (de)	['nasmāk]	regusto (m)
nierboon (de)	['nir·bōn]	fréjol (m)
noedels	['nudɛls]	tallarines (m pl)
oester (de)	['ustər]	ostra (f)
olijfolie (de)	[ɔ'lɛjf·'ɔli]	aceite (m) de oliva
olijven	[ɔ'lɛjvən]	olivas, aceitunas (f pl)
omelet (de)	[ɔmə'lɛt]	tortilla (f) francesa
ontbijt (het)	[ɔn'bɛjt]	desayuno (m)
oploskoffie (de)	['ɔplɔs·'kɔfi]	café (m) soluble

paddenstoel (de)	['padənstul]	seta (f)
paling (de)	[pa'liŋ]	anguila (f)
pap (de)	[pap]	gachas (f pl)
papaja (de)	[pa'paja]	papaya (f)
paprika (de)	['paprika]	paprika (f)
pasta (de)	['pasta]	macarrones (m pl)
pastei (de)	[pas'tɛj]	tarta (f)
paté (de)	[pa'tɛ]	paté (m)
peer (de)	[pēr]	pera (f)
peper (de)	['pepər]	pimiento (m) dulce
perzik (de)	['pɛrzik]	melocotón (m)
peterselie (de)	[petər'sɛli]	perejil (m)
pinda (de)	['pinda]	cacahuete (m)
pistaches	[pi'staʃəs]	pistachos (m pl)
pizza (de)	['pitsa]	pizza (f)
plantaardige olie (de)	[plant'ārdixə 'ɔli]	aceite (m) vegetal
platvis (de)	['platvis]	lenguado (m)
pompoen (de)	[pɔm'pun]	calabaza (f)
portie (de)	['pɔrsi]	porción (f)
pruim (de)	['prœʏm]	ciruela (f)
pudding (de)	['pʉdiŋ]	pudin (m)
raap (de)	[rāp]	nabo (m)
radijs (de)	[ra'dɛjs]	rábano (m)
recept (het)	[re'sɛpt]	receta (f)
rekening (de)	['rekəniŋ]	cuenta (f)
rijst (de)	[rɛjst]	arroz (m)
rode bes (de)	['rɔdə bɛs]	grosella (f) roja
rode biet (de)	['rɔdə bit]	remolacha (f)
rode peper (de)	['rɔdə 'pepər]	pimienta (f) roja
rode wijn (de)	['rɔdə wɛjn]	vino (m) tinto
rogge (de)	['rɔxə]	centeno (m)
room (de)	[rōm]	nata (f) líquida
rosse populierboleet (de)	['rɔsə pɔpʉ'lir·bolēt]	boleto (m) castaño
rozijn (de)	[rɔ'zɛjn]	pasas (f pl)
rum (de)	[rʉm]	ron (m)
rundvlees (het)	['rʉnt·vlēs]	carne (f) de vaca
russula (de)	[rʉ'sʉla]	rúsula (f)
saffraan (de)	[saf'rān]	azafrán (m)
salade (de)	[sa'ladə]	ensalada (f)
sap (het)	[sap]	zumo (m), jugo (m)
sardine (de)	[sar'dinə]	sardina (f)
saucijs (de)	['sɔsɛjs]	salchicha (f)
saus (de)	['saus]	salsa (f)
schaaldieren	['sxal·dīrən]	crustáceos (m pl)
schapenvlees (het)	['sxapən·vlēs]	carne (f) de carnero
schil (de)	[sxil]	piel (f)
schoteltje (het)	['sxɔteltʃə]	platillo (m)
selderij (de)	['sɛldɛrɛj]	apio (m)
serveerster (de)	[sɛr'vērstər]	camarera (f)
sesamzaad (het)	['sɛzam·zāt]	sésamo (m)
sinaasappel (de)	['sināsapəl]	naranja (f)

sinaasappelsap (het)	['sinãsapəl·sap]	zumo (m) de naranja
sla (de)	[sla]	lechuga (f)
smaak (de)	[smãk]	sabor (m)
snede (de)	['snedə]	loncha (f)
snoek (de)	[snuk]	lucio (m)
snoekbaars (de)	['snukbãrs]	lucioperca (f)
snoepje (het)	['snupjə]	caramelo (m)
soep (de)	[sup]	sopa (f)
soja (de)	['sɔja]	soya (f)
spaghetti (de)	[spa'xeti]	espagueti (m)
specerij , kruiderij (de)	[spesə'rɛj], [krœydə'rɛj]	especia (f)
spek (het)	[spɛk]	beicon (m)
spiegelei (het)	['spixəl·ɛj]	huevos (m pl) fritos
spinazie (de)	[spi'nazi]	espinaca (f)
spruitkool (de)	['sprœyt·kõl]	col (f) de Bruselas
steur (de)	['stør]	esturión (m)
stuk (het)	[stʉk]	pedazo (m)
suiker (de)	[sœykər]	azúcar (m)
suikerbakkerij (de)	[sœykər bakə'rɛj]	pasteles (m pl)
taart (de)	[tãrt]	tarta (f)
tandenstoker (de)	['tandən·'stɔkər]	mondadientes (m)
tarwe (de)	['tarwə]	trigo (m)
thee (de)	[tẽ]	té (m)
theelepeltje (het)	[tẽ·'lepəltʃə]	cucharilla (f)
tomaat (de)	[tɔ'mãt]	tomate (m)
tomatensap (het)	[tɔ'matən·sap]	jugo (m) de tomate
tong (de)	[tɔŋ]	lengua (f)
tonijn (de)	[tɔ'nɛjn]	atún (m)
ui (de)	['œy]	cebolla (f)
varkensvlees (het)	['varkəns·vlẽs]	carne (f) de cerdo
veenbes (de)	['vẽnbɛs]	arándano (m) agrio
vegetariër (de)	[vəxɛ'tarier]	vegetariano (m)
vegetarisch	[vəxɛ'taris]	vegetariano (adj)
vermout (de)	['vɛrmut]	vermú (m)
vers geperst sap (het)	[vɛrs xə'pɛrst sap]	zumo (m) fresco
verse kruiden	['vɛrsə 'krœydən]	verduras (f pl)
vetten	['vɛtən]	grasas (f pl)
vijg (de)	[vɛjx]	higo (m)
vis (de)	[vis]	pescado (m)
vitamine (de)	[vita'minə]	vitamina (f)
vlees (het)	[vlẽs]	carne (f)
vliegenzwam (de)	['vlixən·zwam]	matamoscas (m)
voorgerecht (het)	['võrxərɛht]	entremés (m)
vork (de)	[vɔrk]	tenedor (m)
vossenbes (de)	['vɔsənbɛs]	arándano (m) rojo
vrucht (de)	[vrʉxt]	fruto (m)
vruchten	['vrʉxtən]	frutos (m pl)
vulling (de)	['vʉliŋ]	relleno (m)
wafel (de)	['wafəl]	gofre (m)
walnoot (de)	['walnõt]	nuez (f)
water (het)	['watər]	agua (f)
watermeloen (de)	['watərmɛ'lun]	sandía (f)

whisky (de)	['wiski]	whisky (m)
wijn (de)	[wɛjn]	vino (m)
wijnglas (het)	['wɛjn·xlas]	copa (f) de vino
wijnkaart (de)	['wɛjn·kārt]	carta (f) de vinos
wild (het)	[wilt]	caza (f) menor
witte wijn (de)	['witə wɛjn]	vino (m) blanco
wodka (de)	['wɔdka]	vodka (m)
worst (de)	[wɔrst]	salchichón (m)
wortel (de)	['wɔrtəl]	zanahoria (f)
yoghurt (de)	['jogʉrt]	yogur (m)
zalm (de)	[zalm]	salmón (m)
zeevruchten	[zē·'vrʉxtən]	mariscos (m pl)
zoet	[zut]	azucarado, dulce (adj)
zoete kers (de)	['zutə kɛrs]	cereza (f)
zonder gas	['zɔndər xas]	sin gas
zonnebloemolie (de)	['zɔnəblum·'ɔli]	aceite (m) de girasol
zout (het)	['zaut]	sal (f)
zure kers (de)	['zʉrə kɛrs]	guinda (f)
zure room (de)	['zʉrə rōm]	nata (f) agria
zwarte bes (de)	['zwartə bɛs]	grosella (f) negra
zwarte koffie (de)	['zwartə 'kɔfi]	café (m) solo
zwarte peper (de)	['zwartə 'pepər]	pimienta (f) negra
zwarte thee (de)	['zwartə tē]	té (m) negro

www.ingramcontent.com/pod-product-compliance
Lightning Source LLC
La Vergne TN
LVHW051300080426
835509LV00020B/3078